河南博物院 编

丝绸之路与中原

THE SILK ROAD AND THE CENTRAL PLAINS

文物出版社

图书在版编目（ＣＩＰ）数据

丝绸之路与中原 / 河南博物院编. —— 北京 ：文物
出版社，2018.8
ISBN 978-7-5010-5531-9

Ⅰ．①丝… Ⅱ．①河… Ⅲ．①丝绸之路－历史文物－
介绍－河南 Ⅳ．①K872.61

中国版本图书馆CIP数据核字(2017)第310389号

丝绸之路与中原

编　　者：河南博物院

责任编辑：贾东营
责任印制：梁秋卉

出版发行：文物出版社
社　　址：北京市东直门内北小街2号楼
网　　址：http://www.wenwu.com
邮　　箱：web@wenwu.com
经　　销：新华书店
制版印刷：北京图文天地制版印刷有限公司
开　　本：889mm×1194mm　1/16
印　　张：19.75
版　　次：2018年8月第1版
印　　次：2018年8月第1次印刷
书　　号：ISBN 978-7-5010-5531-9
定　　价：360.00元

目 录

序

马萧林

　　河南地处中原，是华夏文明起源形成与发展的核心区域。中原和西域虽然距离遥远，交通险阻，但早在先秦时期就有了密切联系和频繁往来。在距今 5000 年的史前时期，生活在黄河中下游的先民们就与西域地区的居民发生了交流，粟和黍大约就是在这个背景下从中国传至中亚和西亚地区栽培的。大约在距今 5000 到 4500 年前，西亚地区的冶金术、小麦、绵羊和黄牛通过河西走廊进入到中国，距今 4500 年左右传入中原地区。安阳殷墟出土的和田玉表明在商代晚期中原和西部存在着一条玉石之路。两周时期，群雄"逐鹿中原"，当时开辟的军事道路便是之后"丝绸之路"的通道。西汉张骞"凿空西域"，开辟了通往西方的商道。公元 73 年，班超受命从洛阳出发出使西域，设置西域都护府，他在西域经营 30 年，加强了西域与内地的联系。公元 97 年，甘英出使大秦；公元 166 年，大秦使臣来到洛阳，从此欧洲国家同中国正式建交通商。佛教也在此时传到洛阳。南北朝时期，原居于北方的鲜卑族南迁定都洛阳，将草原丝绸之路延续至中原，后与明清时期的"万里茶道"相接，成为贯通南北的水陆交通大通道。隋唐时期，东都洛阳成为国际大都市，丝绸之路在此时得到了繁荣发展。大运河的开通，成为中原地区连接"海上丝绸之路"的重要水道，洛阳为当时八方来朝的国际大都会、"丝绸之路"上的一颗耀眼明珠。到了宋代，东京开封成为全国的政治、经济、文化中心，中原与周边地区依然保持着密切的往来。由于西夏阻隔了西北的丝绸之路，加上经济中心的南移，从宋朝开始，东南沿海的港口成为新的贸易中心，中原地区开始利用汴河、江南运河、浙东运河沟通沿海港口与日本、高丽及东南亚国家交往。明清时期的"万里茶道"是中俄间一条重要的商道，以运送茶叶为主，从福建经水路至汉口，再经水路至河南南部，转陆路经洛阳到山西、内蒙古，跨蒙古国至恰克图，经乌拉尔、莫斯科至彼得堡。

　　综上所述，洛阳既是中国古代十三朝古都，又是东西、南北交通大通道的中心枢纽城市，其厚重的历史积淀和战略地位，将中原地区与世界紧密相连。洛阳作为当时世界的国际大都会，以海纳百川之胸襟接纳八方游客。贸易的发展使许多异域商人常驻洛阳，他们往来于异域与洛阳之间，不断将异域商品带到洛阳进行交易，又将交换来的中国商品从洛阳带回异域。丝绸之路的开辟不仅促进了中外经济贸易互通，而且促进了中外文化的交流。中外风俗习惯、服用器物相互渗透，胡乐、胡舞盛行中原。佛教、景教、伊斯兰教等宗教沿着丝绸之路传入中原。

为了响应习近平总书记提出的建设"一带一路"的号召，配合2017年文化遗产日的"文化遗产与'一带一路'"主题活动，河南博物院与洛阳博物馆共同推出"丝绸之路与中原"展览。该展览汇集河南出土的400多件与丝绸之路有关的文物，配以大量的图版及多媒体展示，以时间为主线，共分五个部分，上自新石器时代，下至明清时期。即：第一部分：丝路萌芽——先秦时期（公元前206年以前）；第二部分：丝路开启——两汉时期（公元前206~公元220年）；第三部分：四方通衢——魏晋南北朝时期（公元220~581年）；第四部分：八方来朝——隋唐时期（公元581~907年）；第五部分：丝路展延——宋元明清时期（公元960~1911年）。展览从不同角度展示河南在古代对外交流中的影响以及在"丝绸之路"发展中的历史地位。

　　幽幽丝绸古道，谱写着中原对外交流的华彩乐章。此次展览能够成功举办，离不开国家文物局、河南省文物局及省内有关文博机构的大力支持，在此，我谨代表河南博物院向支持此次展览的单位和为展览付出辛劳的各位同仁表示由衷的感谢！

丝绸之路与盛唐时期的洛阳
——从洛阳地区出土陶俑谈起

张得水

  隋唐东都洛阳城是中国隋唐时期一个国际性都会，在一定程度上浓缩了中国鼎盛时期封建社会的文化内涵。尤其是在武则天光宅元年（公元684年）至唐玄宗开元年间的盛唐时期，洛阳不仅一度是全国的政治中心，也是全国的文化中心。其文化教育、文学艺术、科学技术都达到了中国封建文化的高峰，也是当时世界文化的高峰。

  在中西文化的交流史上，东都洛阳城所达的高度也是空前的。西域各族通过经商、使者、人质、婚姻、劳佣等各种途经来到中原，极大促进了中原与西域各族的交流。西域商人、使者等不仅将大唐的丝织品运往西方，而且还把西方的香料、音乐歌舞、宗教等带来洛阳。武则天执政时期的永昌元年（公元689年），来自中亚昭武九姓的安国、康国、史国的商人，在洛阳北市开设有香行；为便于他们的宗教活动，在洛阳建有波斯景教寺、祆寺等。唐朝人对于外来文化广泛吸收，"胡装"、"胡食"、"胡舞"盛行街头，汉人在"胡人"和"胡文化"的感染下，"大有胡气"，平添了豪爽而刚健的气质，以至于"洛阳家家学胡乐"（唐·王建《凉州行》）。于是便造就了超越世界的、灿烂不灭的唐文化，对整个东亚地区产生了巨大的影响。

  近几十年来，通过考古发掘，在洛阳发现大量的盛唐时期的墓葬，出土了一系列反映中西文化交流的俑像资料，如1981年在洛阳龙门东山北麓发掘的唐定远将军安菩与其妻何氏的合葬墓[1]，1991年发掘的洛阳孟津屈突季扎墓及大足元年岑氏墓[2]，以及伊川、孟县、巩义等洛阳周边地区的盛唐墓葬，荟萃了彩绘和三彩俑像的大量精品。从这些出土文物中可以看出当时洛阳作为丝绸之路的东方起点，及其在中西文化交流中的突出地位。

  盛唐时期，胡俑的题材骤然增多。在彩绘和三彩作品中，经常可以看到深目高鼻多须，头戴折沿胡帽的阿拉伯人，也有高目多须的中亚人和黑人等的形象。这类的主要表现形式有：胡人牵马和骑马俑、牵驼和骑驼俑、胡侍俑、胡乐俑、胡商俑、昆仑奴等。从胡俑的形态上观察，有从事贸易的商人，有从事某种艺术活动的伎艺人，也有掌某种职业的执事俑，说明了外域人士侨居东都洛阳的情况。在洛阳出土的胡俑中，多数是以马夫、驼夫身份出现的。这些俑高鼻深目，卷发虬须，身穿翻领长袍或圆领衫，足登高筒靴，头戴虚顶折沿的毡帽或发辫盘结，其牵引的马背驼峰上，负载着丝绸、扁壶、野兔飞禽、刀箭行囊等，经千里旅途，艰辛跋涉，风尘仆仆，来到中原。在唐墓中还出土有双手执圭的胡人文官俑，是唐王朝赐给外夷权贵官爵的写照。在出土的胡俑中，有典型的阿拉伯人，也有南海黑人。

武则天时期，侨居两京及江南一带的阿拉伯人，数以万计。黑人在唐代被称为"昆仑奴"，这在唐人裴铏的《传奇》和《太平广记·龙渊》中均有记载。

胡人牵马俑、骑马俑：牵马俑又称拉马俑，是盛唐陶俑中较为多见的表现题材之一。马在唐代是主要的陆上交通工具，以载人为主，马的身上一般不驮货物。但在随葬品中常可以看到两手握拳，作执缰牵引状的胡人，一般是牵马俑与马同出。而在已见的骑马俑中，胡人骑马俑较少见到，多是一些有某种特长的人，如骑马狩猎、打球、奏乐等。骑马、射箭、狩猎是胡人擅长的技艺，唐代有些胡人以狩猎、打球、奏乐为业，三彩中可以见到狩猎胡人俑、骑马胡人俑、打球胡人俑等。由以上也可以说明，这些来自异域游牧民族的胡人，有一部分因为善于调教马而成为一些权贵的侍俑，专门为贵族们管理马匹。人俑和动物俑之间神态的交流，非常和谐。

牵驼和骑驼俑：牵驼和骑驼俑是数量仅次于牵马、骑马俑的另一类题材。牵驼和骑马俑的姿态一样，也作执缰牵引状，所牵的骆驼驼背上多有物品。骑驼的胡人有的骑在无货物的驼背上，有些则骑在满载物品的驼背上作赶驼状。在唐代，骆驼是重要的交通工具之一，运物则必须用吃苦耐劳又力大体健的骆驼。尤其是对于远途跋涉于丝绸之路上的西域商人来说，骆驼是他们赖以生存的重要伙伴。因此，那些数量众多的牵驼俑和骑俑，自然也就成为唐代丝绸之路和中外经济文化交流的重要象征。近代以来，考古工作者在河南各地，尤其是在洛阳及其附近的地区出土了数以百计的背负丝卷和绸布的三彩和彩绘牵驼俑和骑驼俑等。由此我们可能想象到古丝绸之路一幕幕激动人心的历史场景：早在一千多年以前，一队队外国商人骑骆驼沿丝绸之路徐徐走来，驼铃之声不绝于耳，他们翻山越岭，穿过戈壁荒漠，背负宝石、珊瑚、玛瑙、香料、药品等，来到向往已久的大唐，然后满载丝绸等珍贵商品而归。他们是友好的使者，为中外经济文化的交流做出了贡献。因此，这些牵驼俑或骑驼俑不仅仅是随葬品，它们同时又是一座座历史的丰碑，昭示于后人。

胡侍俑：胡人作为达官贵人的侍从很早就有，至唐代人数更多。出土的侍从胡俑大多衣饰简单，双手拱于胸前，态度恭谨。《唐会要》卷八十六"奴婢"条载："大中五年二月敕，边上诸州镇，送到投来吐蕃、回鹘奴婢等，今后所示勘问了，宜并配岭外，不得隶内地。"实际上，从洛阳等地出土的胡侍俑来看，流入内地的作为侍从的胡俑也不在少数。

胡商俑：唐代长安和洛阳有胡人开设的胡店，经营颇受欢迎的胡饼、烧饼、抓饭、炉饼等胡食。据文献记载，胡饼是汉代班超去西域时传来的。《续汉书》有记载说："灵帝好胡饼。"胡饼或称为"烧饼""炉饼""麻饼"等。汉代刘熙的《释名·释饮食》曰："胡饼，作之大漫沍，亦以胡麻著上也"。唐代非常盛行。《资治通鉴·玄宗》记载：安史之乱，唐玄宗与杨贵妃出逃至咸阳集贤宫，无所果腹，任宰相的杨国忠去市场买来了胡饼呈献。当时长安做胡麻饼出名的首推一家叫辅兴坊的店铺。为此诗人白居易赋诗一首称："胡麻饼样学京都，面脆油香新出炉。寄于饥馋杨大使，尝香得似辅兴无。"当时的洛阳和长安一样，有一部分从西域来的胡人，充当着商贩的角色，善于经商。胡人开的酒店都有胡姬作招待，李白诗中有"落花踏尽游何处，笑入胡姬酒肆中"，"胡姬貌如花，当垆笑春风"句（《前有一樽酒行二首》）。洛阳曾出土三彩胡人执事俑，短袍毡靴，右手执汉巾披于肩，左手执筋贴于腰带间，一副憨厚勤快的样子。中华人民共和国成立前洛阳曾出土一件胡商俑，高30厘米，头戴胡帽，手提手壶，背负货袋，作躬身行进的姿态，千里迢迢、奔波劳顿的外国商人形象活灵活现。

胡乐俑：胡戏在唐代盛行，且有来自外域的伶人。1972年洛阳谷水6号墓出土的三彩伶人胡俑，头辫发，身穿绿色翻领黄袍，两目圆睁，似笑非笑，表情非常生动。洛阳龙门唐安菩夫妇墓中出土有2件胡人骑马乐俑，头戴黑色幞头，分别穿赭黄衣骑白马和穿绿衣骑赭黄马，似正在做出表演的动作。

昆仑奴：唐代诗人张籍在《昆仑儿》诗中写道："昆仑家住海中州，蛮客将来汉地游。言语解教秦吉了，波涛初过郁林洲。金环欲落曾穿耳，螺髻长卷不裹头。自爱肌肤黑如漆，行时半脱木绵裘。"所谓的"昆仑奴"指的就是黑人奴仆。在唐代壁画中，昆仑奴多为面部扁平、眼大唇厚、鼻孔朝天、肤色黝黑、卷发等。唐墓中出土的这类俑像相对较少，一般表现为全身涂黑，卷发，白眼珠，宽鼻，厚唇。多裸露上身，下身仅穿束角短裤。一般都带有项圈、手镯、足镯等。关于昆仑奴的来源，一般认为主要是南海诸国的黑色人种。一直到现在这些类似非洲黑人的部落和种族仍散居在马来半岛以南的诸海岛上。当时黑人来到中国，一种是作为年贡送往京城长安和东都洛阳，一种是作为土著"蛮鬼"被掠卖到沿海或内地，还有一种是跟随东南亚或南亚使节入华被遗留者。西域也是重要的来源渠道，"古代阿拉伯人有蓄黑人奴仆的习惯，他们很可能会通过丝绸之路，将其中的一些人带到中国来"[3]。

盛唐陶塑品中众多的胡人形象，是当时历史文化的折射。盛唐是一个自信开放的时代，中外交往异常频繁，中外交通空前发达。唐代有几条中外友好通道。闻名于世的丝绸之路，由河西走廊经敦煌、玉门关，顺汉古长城经古楼兰，沿塔里木盆地北缘经库尔勒、轮台、库车、释城、阿克苏、喀什通往伊朗及地中海沿岸各地，而它的起点，便是京师长安和东都洛阳。丝绸之路成了连接大唐与中亚、西亚及地中海沿岸各地的纽带和桥梁，把世界陆地总面积三分之一的欧亚大陆联系在一起。西域各族以及波斯（伊朗）、大食（阿拉伯）印度、罗马等，都与大唐有着频繁的经济文化交往。通过这条道路，我国的养蚕、丝织技艺等传到西方，而佛教、伊斯兰教以及与之相关的文化艺术也进入我国，并融入华夏文化之中。此外，还有从广州驶往波丝湾的海上丝绸之路；从唐长安、洛阳经登州、莱州或扬州、明州到日本的遣唐使航线等，据《唐六典》记载，有三百多个国家及地区和唐朝有交往。《元河南志》曾这样记载盛唐时期的东都洛阳："天下舟船所集常万余艘，填满河洛。商旅贸易，车马填塞，若西京之崇仁坊。"武则天当政时，长期居住洛阳，为招待各国使节和客商，特在洛阳从善坊设置"来庭县廨"，以领四方藩客。由此可以看出，唐代的开放政策和繁荣，使中外政治、经济、文化交流达到了空前的高度，一些国家仰慕中国先进的文化，常派遣大批留学生到中国。由于佛教的兴盛，同时也吸引了不少外国僧人来中国研习佛法。如洛阳龙门发现的唐安菩夫妇合葬墓，墓主安菩就是西域安国的大首领，在贞观初年率众归唐，授官"同京五品，封定远大将军"。该墓便是公元709年其子安金藏为其夫妇所修的合葬墓。又如1921年洛阳城北出土的高丽王子泉南生墓志，洛阳出土的百济王子扶余隆墓志等，都说明当时有许多外国人居住洛阳、甚至客死洛阳。总之，广泛而频繁的对外交流，贯穿隋唐三百多年，在国力最强盛时，唐王朝一面大量吸取外来文化，另一面又对世界文化予以影响。陆地的丝绸之路，从大唐的洛阳和长安为起点，辗转蜿蜒于中亚与南亚的荒漠与丛山中，西至欧洲的东罗马帝国；海上丝绸之路从广州驶向波斯湾；还有从两京向山东，浙江向日本的遣唐使航线；这几条五彩缤纷的纽带，将大唐与欧亚非上百个国家联结起来，这种物质文化交流的盛景也在唐俑制作上得到体现。空前活跃的物质文化交流，招致了大批阿拉伯、波斯、中亚细亚、日本等外域的商人、使者、留学生、学问僧。在了解了唐代整个社会历史背景，尤其是中外经济、文化交流之后，再回过头来看一看大量的胡俑作品，就不足为奇了。彩绘及唐三彩中的胡俑形象各异，内容十分丰富，但它毕竟来源于当时的社会生活，是中外经济、文化交流的真实写照。

除了大量的胡俑以外，在盛唐社会，汉人戴胡帽、穿胡服也成为一时的时尚。考古所见的女俑多有身着窄袖圆领长袍、配腰带、穿长裤，乃至穿胡服、戴胡帽，女扮男装的模样；这些服装有宽袖、窄袖，有圆领、翻领，以及乌皮六合靴，是当时很有特色的服饰。《旧唐书·舆服志》卷四十五记载玄宗时"从驾宫人骑马者，皆著胡帽，靓妆露面，无复障蔽。士庶之家，又相仿效"。唐三彩类的俑像中，对胡装有更多的渲染。千姿百态、新颖奇异的各式胡装和唐代开放、猎奇、享乐的社会风气非常融合。胡服以褊狭的长袍，翻领、左衽、束带为特征，典型的胡帽即"卷檐虚顶"式，这与欧亚大陆北方草原民族喜戴的尖顶帽接近，这种装束，不分男女。唐代女子衣着偏好胡装，化妆亦追胡风，"圆鬟椎髻，不设鬟饰，不施朱粉，唯以乌膏注唇"。当年唐代大诗人白居易就说这种髻椎面赭的流行妆来自胡族，而非华风。唐李贞墓出土的三彩骑马女俑头戴胡帽，身穿紧腰胡装，足登小皮靴，朱唇赭颊，是当时最流行的胡人打扮。喜着胡装除女子外，王公官吏及士庶男子也有这种癖好。

唐代都市洛阳的开放性和世界性，使西域文化影响了社会生活的方方面面。最为显著的除胡服外，还有胡乐的普及，这在当时的文献与诗歌中多有记述。唐代乐舞的美在于它汇聚了各国舞蹈的精华，以炉火纯青的技艺表达诗一般深邃优美的意境。随着各国艺术家大量涌入，箜篌、琵琶等胡乐传入中国，来自西域的胡腾舞、胡旋舞也风靡一时。唐王朝在隋以来宫廷"七部乐"、"九部乐"的基础上，编排增补形成了由燕乐、清乐、西凉、天竺、高丽、龟兹、安国、疏勒、高昌、康国组成的十部乐。这"十部乐"，就是以国名、地名为乐部名称的音乐大全。其中有《西凉乐》《天竺乐》《高丽乐》《龟兹乐》《疏勒乐》等，多数是来自外域的音乐精华。民间与宫廷舞乐在内外乐舞风潮中呈现出的绚丽多姿与青春朝气，在唐代美术中多有表现。所用的乐器有琵琶、竖箜篌、五弦、横笛、都昙鼓、毛员鼓、羯鼓、铜钹、贝等，乐曲和所用乐器大部分源自西域各国。当时流行的胡舞有胡旋舞、胡腾舞、柘枝舞等。胡旋舞"舞者立毯上，旋转如风"；胡腾舞"环行急蹴皆应节，反手叉腰如却月"；柘枝舞"轻躯动荡"，"注光波于秋眸"，表现出了高超的技艺。巩义北窑湾唐墓（M6）曾出土有1件女舞俑和6件女乐俑，也可称得上盛唐时期乐舞俑的代表之作。其中的女舞俑，高15厘米，头梳双髻，面颊丰腴，身着长裙高束胸际，袒露半胸，裙摆曳地，披帛绕于双臂之上，扭腰摆臂，做弯腰的动作，显示了女性独特的柔美。脚穿的云头履，被衣裙所覆盖，仅露出脚尖，虽然说女俑双臂残缺，但轻歌曼舞、仪态万方的俑女形象已是活灵活现的展示在我们面前。[4]

关于唐代文化交流的盛况，诗人元稹在其诗作《法曲》中写道："自从胡骑起烟尘，毛毳腥膻满咸洛。女为胡妇学胡妆，伎进胡音务胡乐。火凤声沈多咽绝，春莺啭罢长萧索。胡音胡骑与胡妆，五十年来竞纷泊。"

唐代陶塑艺术品中，所刻画出的胡人形象，以及表现民族间文化交流的题材可谓是多姿多彩，林林总总。唐代陶俑表现范畴的扩大，是与"胡化"——中外文化交流密切相关的，没有这种交流，就很难出现如此之多、如此之美的陶俑作品。只是到了中唐以后，由于"安史之乱"的原因，认为叛臣安禄山是"胡种"，"胡人乱华"给唐人以沉重的打击，"胡化"几成叛乱的代名词，受到中原士人的大力鞭挞。如《旧唐书·舆服志》就载："开元来……太常乐尚胡曲，贵人御馔，尽供胡食，士女皆竞衣胡服，故有范阳羯胡之乱，兆于好尚远矣。""初，妇人施幂䍦以蔽身，永徽中，始用帷帽，施裙及颈，坐檐以代乘车。命妇朝谒，则以驼驾车。数下诏禁而不止。武后时，帷帽益盛，中宗后乃无复幂䍦矣。宫人从驾，皆胡帽乘马，海内效之，至露髻驰骋，而帷帽亦废，有衣男子衣而鞾，如奚、契丹之服。武德间，妇人曳履及线鞾。开元中，初有线鞋，侍儿则著履，奴婢服襕衫，而士女衣胡服，其后安禄山反，当时以为服妖之应。"在唐人笔记中，对当时社会生活中所呈现出的具有"胡化"特点的现象往往称之为"妖异"，并对胡服、胡人感到厌恶，因此在墓葬中少有随葬胡俑者，胡俑在中晚唐时期几近消失。

注　释

[1] 洛阳市文物队：《洛阳龙门唐安菩夫妇墓》，《中原文物》1982年第3期。

[2] 310国道孟津考古队：《洛阳孟津西山头唐墓发掘简报》，《华夏考古》1993年第1期；310国道孟津考古队：《洛阳孟津西山头唐墓》，《文物》1992年第3期。

[3] 崔大庸：《论唐代胡俑的几个问题》，《纪念山东大学考古专业创建20周年论文集》，山东大学出版社，1992年。

[4] 河南省考古研究所、巩义市文物保管所：《巩义市北窑湾汉晋唐五代墓葬》，《考古学报》1996年第3期。

浅谈丝绸之路与中原的对外交流

王景荃

　　中原地处华夏腹心之地，是华夏文明的发源地。优越的地理位置和便利的交通条件，使这里四衢通达，水陆汇通，自古以来与周边地区有着十分密切的往来。中原的对外交流历史悠久，尤其是中原与西域之间的物质文化交流相当密切。早在商代，中原与西域就有了密切的联系，1976 年在河南安阳殷墟发掘的商代妇好墓中发现了 750 余件玉石雕刻品，据鉴定，玉雕材料其中有新疆和田玉。这说明在距今 3000 多年以前，在塔里木盆地与中原之间已存在一条玉石之路。春秋战国时期，群雄逐鹿中原，活动在西北地区的秦人、戎人、匈奴和月支等民族承担着与更远西方交通贸易交流的中介，同时以儒家文化为核心的中原文化也开始向外传播，影响至深。到了汉代，开始了对西域的行政管辖，中原与西域的往来更为频繁，两地之间的关系更加密切。公元前 138 年，张骞为寻找盟友抗击匈奴，从长安出发，踏上了前往西域的征程。他的足迹抵大宛、大月氏、大夏、康居诸国。公元前 119~ 公元前 116 年，张骞再次通西域，到达乌孙。他遣副使通大宛、康居、大月氏、大夏、安息、身毒、于阗等国。张骞两次通使西域，开辟了一条千古传颂的中西方交往之路，史称"凿空西域"。此后，豪商贵贾纷至沓来，此路成为中西商贸之路。东汉时期，西域与中原屡受匈奴的骚扰，班超步张骞之后，从洛阳出发，两次出使西域，联络西域诸国，抗击匈奴，平定叛乱。他在西域经营 30 年之久，与于阗、姑墨、莎车、龟兹（今库车）、焉耆、月氏、乌孙、康居等国广为联系。他还曾派使臣甘英出使大秦（古罗马国）、条支（今阿拉伯）等国。他为维护西域的稳定、促进西域与中原汉朝政治、经济、文化的联系，促进东西方之间的交流，做出了不朽的贡献。公元 166 年，大秦使臣来到洛阳，这是欧洲国家同中国的首次直接交往。

一、陆上丝绸之路的开通促进了中原的对外交流

　　丝绸之路的开通，使中原文化与世界文化有了交融的契机。汉代是中外关系的开拓时期，中原的养蚕术、凿井术与冶铁术、造纸术以及汉代诸文明先后向西方流传，西域的苜蓿、葡萄、胡萝卜、石榴、芝麻、胡瓜（黄瓜）、胡豆、胡蒜等植物品种和狮子、大雀（鸵鸟）等动物品种以及西域音乐、舞蹈、魔术与杂技艺术等相继传入中原，促进了中西方经济和文化交流与发展。随着丝绸之路向东延伸，中外经济交流的繁荣，洛阳成为当时闻名的国际大都市。从此，西域各地的使者、商贾来中原者络绎不绝，足迹遍及中原各地。《后汉书·西

域传》载："商、胡、贩客，日款于塞下"。东汉时洛阳开南市、北市和金市供商业者贸易，商业风气浓厚，促成了洛阳城市的商贸繁荣。当时活跃于洛阳市场的不只是罗马人，还有中亚的粟特人和大月氏人，洛阳城南的"蛮夷邸"和"胡桃宫"就是胡商寓居之地。灵帝时在洛阳出现了一股胡化热潮，以至胡服、胡饭、胡音、胡舞，京都贵戚皆竟为之。直至汉末，董卓及其女婿牛辅帐下尚有许多胡兵。而中原使者与商贾赴西域者也不在少数，《史记·大宛列传》记载："诸使外国，一辈大者数百，少者百余人……汉率一岁中，使多者十余辈，少者五六辈；远者八九岁，近者数岁而返。"由此可见，中原赴西域的使者、商人每年可达两三千人之多，且在那里滞留多年。汉代中原与西域关系之密切，可从中窥见一斑。1987年，在洛阳东郊东汉墓出土的一件黄绿色长颈搅胎玻璃瓶，自口沿至瓶底通体旋绕白色条纹，为典型的罗马搅胎吹制玻璃器，是东汉中外交流的实物见证。

魏晋南北朝时期，全国基本上处于分裂局面，征战不断。丝绸之路的畅通，加强了中原与西方在政治、经济上的联系。大量西域人涌向中原，尤其是北魏迁都洛阳以后，西域商人到洛阳的人数剧增。《洛阳伽蓝记》载："自葱岭以西，至于大秦，百国千城，莫不欢附，胡商贩客，日奔塞下，所谓尽天地之区已。乐中国土风，因而宅者，不可胜数。"许多人滞留不归，仅居住都城洛阳者就有一万多户。北魏时还在这里设立了"四夷馆"。人数众多的胡商积极参入洛阳的商贸活动，推动了洛阳的对外交流。除了国家间的朝贡贸易外，那些被称为"胡商"的粟特人、波斯人、印度人、东罗马人，已成为中西陆上贸易活动的主要中介。他们以洛阳、姑臧为大本营，广泛活动在新疆及内地淮河以北的各个贸易集散中心。中西间的国际贸易导致西方金银货币进入内地，东罗马金币、萨珊银币在内地多有出土。在洛阳出土的众多陶俑中，胡俑的数量非常多，他们深目高鼻，头戴尖顶毡帽，形象独特。北齐范粹墓出土的黄釉扁壶，两面模印胡腾舞，证明了西域舞蹈在中原的流行。

丝绸之路经过几代王朝的开拓，至隋唐时期发展到高峰，它已经成为从中国内地出发，横贯亚洲，连接欧洲和北非，同西方进行政治、经济、文化、艺术、宗教以及科技等交流和传播的漫长交通线。隋唐鼎盛时期的丝绸之路，总长7000多公里，东起中国的洛阳和长安，西至东罗马帝国的君士坦丁堡。另外，唐代还开辟了与境外交往的水路——"海上丝绸之路"，即从东都洛阳出发向东前往朝鲜、日本。洛阳成为欧亚大陆桥上的国际大都会，丝绸之路上的一颗璀璨的明珠。

隋唐时期，通过丝绸之路输往西方的物品除丝绸外，瓷器也是唐代输出的重要商品之一。唐代名窑都分布在南北大运河附近。在伊朗首都德黑兰郊区的累依遗址中，曾发现了烧制于八世纪和九世纪的邢窑白瓷盆、菱花盘，越窑的青瓷片和刻花碗等，这些都是通过丝路从洛阳运达西域的。而在洛阳出土的唐三彩器皿中，有凤首壶、龙首杯、鸭形杯、高颈瓶等，都是依西域金银器的形状而烧制的。西域诸邦以朝贡或贸易的方式，通过丝绸之路输向唐朝的主要有以下几类：一是贡人，有奴隶、侏儒、乐人、舞伎等；二是动物，有名马、骆驼、大象、犀牛、狮子、孔雀、鹦鹉、鸵鸟等；三是植物，有枣椰树、菩提树、娑罗树、郁金香、水仙花、莲花等；四是食品，有葡萄、葡萄酒、菠菜、黄瓜、胡萝卜、胡桃、胡椒、糖、胡饼等；五是香料玉石，有沉香、苏合香、安息香、丁香、茉莉油、玫瑰香水、玉水精、孔雀石、玻璃、火珠、玳瑁、珊瑚、琥珀等；其他物品有明矾、硼砂、雄黄、金刚石、金币、银币以及舍利、佛经、佛像等，琳琅满目，应有尽有。

随着大唐帝国的对外开放，很多西域人沿着丝绸之路来到洛阳，不仅进行商业贸易活动，还长期定居在洛阳，成为永久的洛阳人。其中有定居洛阳的粟特昭武九姓胡人，还有波斯诸国胡人和朝鲜人等。粟特（Sogdiana），是中亚古国，在今阿姆河与锡尔河之间的泽拉夫尚河流域（今乌兹别克斯坦共和国境内），隋唐时期的"昭武九姓"（康国、安国、曹国、石国、米国、何国、火寻国、戊地国、史国）即居此地。根据《隋书》记载，昭武九姓本是中国汉代月氏人，旧居祁连山北昭武城（今甘肃临泽），因被匈奴所破，西越葱岭，各分为王，有康、安、曹、石、米、史、何、火寻、戊地等九姓，皆氏昭武，故称昭武九姓。粟特胡人在历史上夙以善于经商著称，长期操纵丝绸之路上转贩贸易。早在东汉时，洛阳（汉魏洛阳旧城）就有粟弋（即粟特）贾胡。南北朝以后，昭武九姓经商范围更加扩大，并不时为一些国家承担外交使命。在唐代，来中原经商的昭武九姓胡人，常被称为兴生胡，或简称为兴胡，繁华的东西两京是他们东来经商的首选之地。我们从唐代墓志等史料中可以窥知，当时有很多粟特人在东都洛阳定居。如唐代定居洛阳的安度、安师、安神、安怀、安菩、康元敬、康敬本等人，他们都是来自中亚的昭武九姓胡人。他们不仅在洛阳定居，甚至死后就葬在洛阳。在洛阳出土的墓志中，不少就是西域人的，如车师国王儿媳鄐月光墓志、鄯善国王子鄯乾墓志等。1984年在龙门东山发现的安菩夫妇墓，墓主人安菩是随其父系利（突厥首领）归唐的，并被封为五品京官和定远将军。其子安金藏为洛阳宫中太常寺乐工，故将父母迁葬到洛阳。

在洛阳定居的波斯人很多，上自酋长，下至百姓无不来居。向达先生考证，隋大业十二年三月十日卒于洛阳的讳彻者为波斯人；唐景云元年卒于洛阳的阿罗憾和其子俱罗，为波斯国酋长。此外，唐朝与朝鲜半岛的关系密切，交往频繁，双方有很多人员往来，当时朝鲜人进出洛阳是很平常的事，有的甚至在此安家落户。例如，扶余隆、黑齿常之、泉男产、泉男生等朝鲜人，都曾在东都洛阳定居。唐代两京胡风弥漫，表现在时人好胡教、胡食、胡服、胡乐等诸多方面。佛教、景教、摩尼教以及伊斯兰教盛行。在饮食上，各种不同制作方法的美味佳肴因其新异而被纷纷引入筵厨，搭纳、毕罗、胡饼等胡食成为人人争相享用的可口食品，西域酿制的葡萄酒、波斯生产的三勒浆等洋酒，则成为唐朝官僚权贵们珍爱的高级饮料。在服饰上，翻领窄袖衣、小口裤、尖顶毡帽、长短靿皮靴等胡式服装，因其简捷利落而在社会上风靡流行；装束上的竞新斗奇，成为时髦，而称为"时世妆"。在乐舞上，胡音、胡乐、胡曲、胡舞，因其风格别具、抑扬顿挫、活泼铿锵，而成为歌舞宴席上盛行的娱乐活动。在竞技上，由中亚传入的蹴鞠、马球、步打等，则成为喜好赶时髦的男女们的体育活动之一。"自从胡骑起烟尘，毛毳腥膻满咸洛。女为胡妇学胡妆，伎进胡音务胡乐。火凤声沉多咽绝，春莺啭罢长萧索。胡音胡骑与胡妆，五十年来竞纷泊。"
这是洛阳诗人元稹对唐朝胡风弥漫情形的真实写照。近、现代在洛阳唐墓出土的深目高
鼻、身着胡服的各式胡俑，形象地再现了当时边地少数民族和域外胡人在唐朝东都的活
动情形，反映了唐代洛阳与西域诸国的密切关系。数以百计的背驮丝绢、绸布的三彩、
绘彩骆驼，则是当时丝绸之路繁荣景象的真实写照。同时也反映出洛阳在当时中西方文
化交流中的重要地位。

二、海上丝绸之路的开通使中原的对外交流更加频繁

到了宋代，东京开封成为全国的政治、经济、文化中心，中原与周边地区依然保持
着密切的往来。由于西夏阻隔了西北的丝绸之路，加上经济中心的南移，从宋朝开始，
东南沿海的港口成为新的贸易中心。中原的对外交往除利用汴河、江南运河、浙东运河
沟通沿海港口与日本、高丽交往，继续开通南下广州与南海诸国及阿拉伯国家的交往外，
还有走广济河入济水东去登州与高丽交往的"京东路"和由汴水进入黄河，转行渭水登
岸后，由陆路转走通往西方的"丝绸之路"。由于宋朝政府的经济重心偏于太行山以东，
因此其海外贸易主要是靠运河来实现的。

宋代向海外输出的商品，除传统的丝织品外主要是瓷器。北宋的制瓷业，在生产技术、
花色品种等方面都达到了空前的水平。五大名窑的产品，由于做工精细、式样典雅，是
海外诸国争相购买的商品。开封官窑、越州哥窑就设在运河沿岸，其他三座名窑（定州
定窑、汝州汝窑、禹州钧窑）的产品也要从运河运往杭州，转至明州、广州港运往海外
各地。由于瓷器是易碎之物，用陆路运输远不及水运安全便利，因此，大运河为中原瓷
器由产地直接装船运往日本、高丽、南亚、波斯及非洲、欧洲提供了最为便捷可靠的条件。

当时由海外来宋朝的使臣商人以大食和高丽人为最多。这些外国使臣在京师开封或
其途经之地，购买王室贵族或本国所需之物。宋朝政府也鼓励各地商人到使臣驻地进行
交易，为他们提供种种方便条件。当时与宋朝进行商贸交往的国家多达50多个，为此，
政府在开封设立榷易署。民间商贾还在汴京大量收购香料、丝绸、瓷器、茶叶等货物，
在运河装船南下至浙东运河出海，长途贩运至日本。他们在日本换回砂金、硫黄、水银、
绢布、扇子、刀剑等，将满船日货沿运河载入汴京市场出售。当时汴京的相国寺一带就
是繁华的交易市场，在那里可以看到日本的刀剑、绘画扇、屏风等。

宋朝和西亚地区的关系有进一步的发展。当时中国贩运到阿拉伯地区的货物，主要
有丝织品、瓷器、纸和麝香。中国的广州、泉州、扬州，则是阿拉伯商人频繁往来的地方，
他们通常贩运香料、药材、犀角、珠宝到中国，再收购丝绸、瓷器等商品。当时在广州、
泉州城内，还居住着许多阿拉伯富商。阿拉伯人把阿拉伯文化，如天文、历法、医学等
介绍到中国，又把中国文化传播到西方。中国的造纸术、炼丹术、火药、指南针等，就

是由他们先后传播到非洲和欧洲，对西方文化的发展起了很大的作用。

宋朝和非洲的交流也十分频繁，在东非海岸的摩加迪沙、布腊伐、桑给巴尔、马菲亚岛、基尔瓦群岛等地，都不断发现唐代和宋代的钱币；在格迪、奔巴岛、桑给巴尔、坦噶尼喀和基尔瓦群岛，也曾不断发现宋代的瓷器和瓷器的碎片。这些都是中国和非洲海上交通的历史见证。

高丽国是与宋朝交往最密切的国家，宋代运河与海路相连，为宋与高丽的交往提供了极为便利的条件。高丽将良马、金银、铜器运入中国，换回大量的瓷器、茶叶、漆器。由于双方贸易频繁，宋朝政府在浙东运河沿岸的明州（宁波）设立"来运司"专门负责与高丽的往来贸易业务。又在明州设立高丽行馆，为高丽商人提供食宿之便。大运河不仅为中外经济往来架起了桥梁，也为文化交流提供了条件。高丽政府每次遣使到宋朝都要搜求大量的书籍，宋朝政府也多次向高丽赠予大量的经卷典籍。许多书籍流入高丽，对朝鲜文化产生了很大影响。

随着商业贸易的频繁往来，宋朝与日本的文化交流也不断发展，其主要表现是两国间佛教徒经常性的互访。宋太宗时日僧成算等乘宋商船渡海入宋，参拜天台山后入运河乘船北上到达宋都汴京，晋谒宋太宗后又入汴北上五台西巡龙门，再转回汴京。宋太宗礼遇甚厚，赐予宋版《大藏经》及许多中国典籍。4年后日僧又西渡入宋，由汴河南下台州后乘宋商船返国。数年后寂昭、元灯诸日僧相继来到宋朝，宋真宗分别授予大师称号，赐给紫衣，事后他们亦顺汴水南下至江南，在苏州吴门寺留住多年。

三、丝绸之路的开通促进了佛教在中原广泛传播

丝绸之路不仅是一条商贸之路，同时也是一条宗教传播之路。丝绸之路的兴盛促进了西域宗教的传播，佛教、景教、摩尼教和伊斯兰教等穿越政治疆界和文化认同从丝路沿线散布各地，尤以佛教为盛，早在两汉之际，佛教僧侣们艰辛跋涉，把佛教思想、教理洒播在"丝绸之路"沿途各地，随之，佛教艺术——建筑、雕塑、绘画等也在这些地方发展起来。雄伟的塔寺、庄严的佛像、绚丽多彩的壁画，成为全人类不朽的文化艺术遗产。

佛教于公元前6世纪产生于印度。随着丝绸之路的开通，佛教经此路传入中国。佛教正式传入中国一般以东汉明帝遣使从天竺迎回佛像、佛典，并以白马驮至洛阳为标志。东汉永平七年（公元64年），孝明帝夜梦金人，遂遣郎中蔡愔、秦景、博士王遵等18人前往西域求法，蔡愔等人于永平十年回到洛阳。他们此行不仅带回佛经，还请来天竺高僧摄摩腾、竺法兰到中国讲学。汉明帝便在洛阳城西门外建中国第一座佛教寺院——白马寺供其译经讲法。洛阳成为"释源""祖庭"。此后，西域高僧经常到中国游历讲学。东汉至北魏时期，西域沙门游方弘法前来洛阳者，络绎不绝。"时佛法经象盛于洛阳，异国沙门，咸来辐辏，负锡持经，适兹乐土。"他们在洛阳或译经，或说法，或传教，为佛教在中国

的传播和发展做出了巨大贡献。

在佛教传入中国的过程中，除了接纳外域高僧外，中国也派信徒走出国门，到西域拜佛求法。魏晋至隋唐，朝廷多次派人前往西域。内地高僧或赴西域求法或到域外传法，如西晋高僧朱士行从洛阳出发西行求法，以八十高龄终老于阗。敦煌人宋云，于北魏明帝神龟元年（公元 518 年），受胡太后之命，与崇立寺沙门惠生、法力等出访天竺。他们从洛阳出发，入吐谷浑，取道今青海省入西域，经鄯善、左末（今新疆且末）、于阗等地入钵和国（今阿富汗瓦汉山谷），于神龟二年入乌苌国（今巴基斯坦印度河上游及斯瓦特河流域）。此后，宋云、惠生在天竺广礼佛迹，访问犍陀罗等地。正光三年（公元 522 年），携大乘经论 170 部返回洛阳。唐时偃师人玄奘西行取经，更是中西文化交流的盛举，玄奘从长安出发西行，历尽艰辛，到达天竺，耗时十七载，终于取回真经，为世人传为佳话。他留给世人的《大唐西域记》成为了解与研究西域风土人情的珍贵的第一手资料。还有唐时东都道璿赴日传戒，为中日佛教文化交流做出了重要贡献，受到日本人民的高度尊敬。西方文化影响中国的同时，中华文化也在潜移默化中影响着西方。随着丝绸、瓷器等中国货物的输入，中国的礼、乐、道、法也深深地影响着西方人。在新疆的考古中，发现大量汉锦、中原形制的铜镜、汉文木简以及中原的铜钱。在西域古代民族中，倾慕汉文化、学习汉文化的人很多。《后汉书·西域传》记载了莎车王父子兄弟三代学习汉朝典章制度的故事。汉文的典籍在当时已成为汉族和当地民族学习的教材。从 19 世纪开始吐鲁番地区出土了大量的《论语》残片，《论语》是孔子与他的弟子们讲论、问答的记录，在漫长的封建社会，它一直被视为经典，并成为儿童必读的教材。祭孔之俗在中原汉地延续至今，此俗也传到西域，西域人将绘制鲁哀公问政于孔子的画像悬于王室。1995 年在尼雅墓葬中出土了保存完好的、色泽鲜艳的织有"延年益寿长葆子孙"锦、"五星出东方利中国"锦等，体现了中原道家思想对西域文化的影响。经丝绸之路输出的中华文化对西方早期哲学家产生了深远的影响。

幽幽丝绸古道，架起一座欧亚大陆桥。从两汉至唐宋，东西方的许多国家和地区沿着这条古道，不仅进行着丝绸和其他商品的贸易，也进行着频繁的文化交流。丝绸之路后来已成为古代亚洲人、欧洲人在亚欧大陆上架起的一座具有商品交换、文化交流、友好往来等多功能的桥梁。它不仅是人们追忆历史的对象，更是当年中原盛世繁华的见证，谱写着中原对外交流的华彩乐章。

万里茶道河南段概述

杨华南

　　万里茶道即中蒙俄万里茶道，是以山西商人为主开辟的一条国际内陆商业大通道，茶叶由福建、江西、湖南采摘、加工、运输至湖北汉口，再北上经河南，渡黄河，越太行，北上泽州、长治，出祁县，经太原、大同分别到张家口或归化（今呼和浩特），然后穿越戈壁大漠和蒙古国直至中俄边界的"买卖城"恰克图进行交易，部分茶帮甚至深入俄国境内直达圣彼得堡。从福建武夷山到恰克图，水陆全程约4500公里，若加上俄国境内的里程，远远超过了5000公里，由此形成了中外商品贸易史上可与"丝绸之路"相媲美的著名的"万里茶道"。

一、万里茶道河南段线路分布

　　万里茶道河南段自湖北襄阳经唐河、白河水运入南阳上岸转陆路运输，经平顶山、洛阳、济源、焦作等市，越太行山入山西。

　　河南境内的茶叶运输方式上有水路、陆路之分，运输路线上水路在南阳转陆路后呈多条路线向北、西北、东北辐射，不同时期路线也有所变化，各商家的运输路线也有所不同。为叙述方便，在路线上以黄河为界进行介绍。

　　黄河以南路线：自湖北襄阳水运入河南南阳转陆运，过南阳、平顶山，从洛阳渡黄河向北行进。

1. 白河线

　　这条路线先走水路，出湖北襄阳溯唐白河转白河船运入河南，沿白河自南向北逆水经新野县新甸铺镇、上港乡、沙堰镇，南阳市瓦店镇、黄台岗镇，入南阳市转陆路，骡马驮运或大车装运，走宛洛古道向北运输。宛洛古道有两条路线。

　　一是方城道，自南阳盆地东北较低垭口穿过，道路较平坦。方城县因地处南阳盆地东北缘，是南阳的北大门，伏牛山自西侧、桐柏山自东侧共同向盆地北边延伸，两山在盆地东北部交接，形成了罕见的平原垭口——方城垭口。它是南阳盆地北往中原的天然陆路通道，该道在明清时期是南阳通往洛阳的主要官道。方城道的线路为：出南阳市，经新店乡，方城县博望镇、赵河镇、清河乡、方城县城、独树镇，入平顶山市，经叶县保安镇、旧县

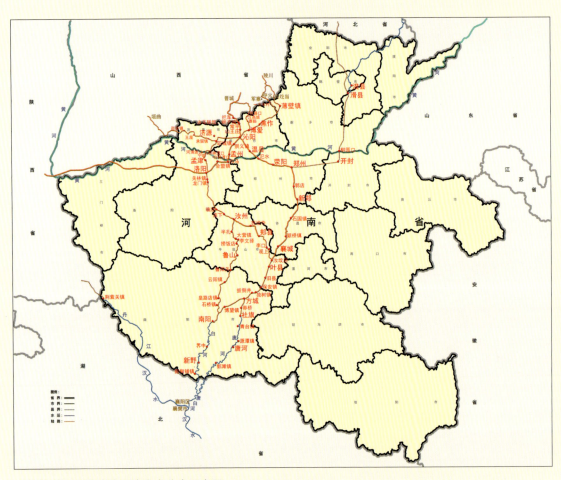

万里茶道河南段线路及遗产点分布示意图

乡、马庄回族乡、叶县县城、遵化店镇，郏县李口乡、堂街镇、郏县县城、渣园乡、薛店镇、汝州市纸坊乡、汝州县城、庙下乡、临汝镇，入洛阳市，经伊川县白沙乡、彭婆镇，洛阳市龙门镇、关林镇、洛阳市区，孟津县平乐镇、会盟镇，经孟津古渡口过黄河。另外，货物自南阳上岸后转陆路，出南阳至方城后，还有一条向北通往郑州方向的路线，后面郑州线的介绍中进行详述。

　　二是三鸦道，是南阳北上翻越伏牛山经南召、鲁山通向洛阳的著名古道，是宛洛间最近捷的通道。三鸦道线路为：出南阳市经蒲山镇、石桥镇，南召县皇路店镇、云阳镇、皇后乡、鲁山县熊背乡、瀼河乡、县城、张店乡、梁洼镇，平顶山市石龙区，宝丰县大营镇、前营乡，汝州市蟒川乡、王寨乡，至县城与上述方城道线路汇合，经汝州市庙下乡、临汝镇，入洛阳市，经伊川县白沙乡、彭婆镇，洛阳市龙门镇、关林镇、洛阳市区，孟津县平乐镇、会盟镇，经孟津古渡口过黄河。

　　三鸦道这条线路在焦作市发现的三通碑刻上有所记载，碑刻反映的是道教信徒记述祖师圣会和朝拜道教圣地"武当金顶"的有关情况，其中详细记录了朝拜时沿古官道行走的陆路路线及返回时先水路后陆路的路线，包括沿途各地之间的里程。

待王玄帝宫旧址所存，大清光绪十三年（公元1887年）所立的《六朝金顶碑记》载"……（时为黄河渡口的孟县北白坡口至）河南府五十，（河南府至）洛邑关爷冢五，龙门万佛山十二，白沙镇五十四，伊阳兴汤泉镇五十四，马川镇四十，入大莹镇四十，鲁山县六十，交口村四十，铁牛店二十五，南召县二十五，曹庄四十，槐树湾六十，南阳府六十五……"。

恩村祖师庙所存，光绪十四年（公元1888年）三月十日所立的《金顶会碑记》载"……河南府五十，洛邑关爷冢十五，龙门万佛山十二，白沙镇五十四，伊阳县汤泉镇五十，蟒川镇四十八，大营镇四十，鲁山县六十，交口村四十，铁牛庙二十五，南召县六十，曹店四十，槐树湾六十，南阳府二十五……"。

恩村祖师庙所存，光绪二十三年（公元1897年）孟夏之月所立的《金顶演戏酬神碑记》载"……河南府彭坡镇六十五，水寨、白沙镇、大安七十二，临汝镇、汤泉、杨楼、十字蟒川半札五十五，马大营镇、郭店、段店五十五，鲁山县四十五，交口、铁牛庙、南召县七十五，曹店六十五，抬头六十五，大石桥五十，南阳府孔明巷……"[1]。

三通碑刻记录的路线和茶道所述的三鸦道相符，仅部分村镇地名有所变化，反映了这条线路当时作为官道及南北交通主干线的实际情况。

2. 唐河线

唐河线因其经过当时最为重要的水陆转运码头——赊店镇，而成为"万里茶道"最主要的一条通道，也是省内外最为了解的一条线路。唐河线初始为水路，出湖北襄阳溯唐白河转唐河船运入河南，沿唐河自南向北逆水经唐河县的苍台镇、郭滩镇、上屯镇、城关镇、源潭镇，社旗县的太和镇、青台镇，最后入社旗县城原赊店古镇后转陆路，经社旗县唐庄，方城县券桥乡，至方城县城与前述方城道汇合，经方城县独树镇，入平顶山市，经叶县保安镇、旧县乡、马庄回族乡、叶县县城、遵化店镇，郏县李口乡、堂街镇、郏县县城、渣园乡、薛店镇，汝州市纸坊乡、当州县城、庙下乡、临汝镇，入洛阳市，经伊川县白沙乡、彭婆镇、洛阳市龙门镇、关林镇、洛阳市区，孟津县平乐镇、会盟镇，经孟津古渡口过黄河。

3. 丹江线

此条线路始为水运，出湖北襄阳沿丹江逆水船运至南阳市淅川县荆紫关，上岸转陆路运输，西北进入陕西。

4. 郑州线

这是一条《行商遗要》上所记载的线路，茶商主要在清末及民国时期使用较多，其南段与唐河线一致，水路出湖北襄阳溯唐白河转唐河船运入河南，沿唐河自南向北逆水经唐河县郭滩、源潭，入赊店古镇后转陆路，经社旗、方城县券桥、独树、叶县保安镇、旧县向北继续运输，经汝坟桥、襄县、颍桥、石固、新郑、郭店驿、郑州、荥阳，经汜水渡过黄河，然后经温县、郭村、邘邰，越太行经拦车直至泽州祁。

这条线路在前文提到的焦作市发现的三通碑刻上也有所记载，主要反映返回时的路线，且碑文相同，均为"……（邓州至）南阳府一百二，博望镇六十，裕州六十六，板到井三十二，旧县六十，叶县三十，襄城县七十，石固六十，新郑县九十，郑州九十，东赵三十，荥泽口五里，黄河北……"。这条线路始走前文所述白河线之方城道，至裕州（即方城）后沿郑州线向北行进。碑刻反映了茶道所经的郑州线当时作为官道及南北交通主干线的重要地位。

5. 洛阳向西线路

货物在洛阳沿丝绸之路向西往陕西、甘肃、新疆等地运输。

黄河以北路线：自古豫冀两省向北向西越太行入晋必经的咽喉通道有八条，即"太行八陉"，河南有三陉，一是济源市的轵关陉，二是沁阳市的太行陉，三是辉县市的白陉，此三陉是茶叶贸易主要的三条通道。另外，丹道、清沟道分别作为太行陉和白陉的支线也是同时期在使用的运输通道。

1. 轵关道：是经由轵关陉的一条通道，其线路为：自洛阳孟津越黄河后，在济源市轵城镇越轵关陉，经承留镇、三官殿乡、王屋乡、邵原镇，入山西境的垣曲，然后向西北可通侯马、临汾及太原，向东通阳城、晋城。

2. 太行道：是古代豫晋两省最为重要的一条通道，经由太行陉，其线路为：越黄河后经孟州市、沁阳市，过古羊肠坂及碗子城进入山西省，经晋庙铺镇入古泽州（今晋城）。太行道东尚存有一支线——丹道，因初始线路沿丹河河谷行进而得名，其线路为：出沁阳向东北经博爱向北越太行，经张路口、柳树口至古泽州。

3. 白陉道：经由白陉，其线路为：自辉县市薄壁镇越太行入山西，经马圪当、横水河、潞城入陵川，再向北至长治。来自开封、新乡方向的客商多经由白陉道越太行而入山西。白陉道西存有一支线，即清沟道，在清代曾作为一条重要的通道存在，现存有大量石板路，还存有乾隆时期修路碑。其线路为：经修武县越太行入山西，经夺火、潞城入陵川，向北至长治。

4.《行商遗要》中还记载有两条线路，一为道口线，自开封柳园口至当时商业重镇、水旱码头——滑县道口镇，然后或走陆路向北运往河北定州方向，或沿卫河向北水运至天津、通州。另一为茅津渡线，即为自河南三门峡会兴镇茅津古渡越黄河至山西运城平陆、夏县及临汾高显的一条线路。

二、万里茶道河南段文化遗产类型

万里茶道河南段遗产点按其性质大致可分为以下类型：

1. 古村镇：社旗赊店古镇，南阳市石桥古镇，汝州半扎古镇，修武一斗水古村等。

2. 会馆：社旗山陕会馆，源潭山陕会馆，大营山陕会馆，洛阳山陕会馆，洛阳潞泽会馆等。

3. 古码头古渡口：唐河郭滩码头，唐河源潭码头，新野新甸铺码头，郏县李口汝河渡口，古孟津渡等。

4. 古桥梁：社旗北大石桥，叶县澧河石桥，方城梅林铺石桥、博望石桥、水饭店石桥、灵龟铺石桥、东十里铺石桥、招扶岗石桥，新野沙堰石桥，南阳界中石桥、黄台岗石桥，郏县李口石桥，汝州半扎石桥、斋公店石桥、平顶山石龙区黑鱼桥、汝州临汝镇东门石桥等。

5. 古衙署：南阳府衙，叶县县衙，社旗厘金局，窑头厘金所等。

6. 古街区古商铺：南阳界中古商铺，汝州半扎古街，汝州庙下古街等。

7. 古镖局：社旗广盛镖局。

8. 古茶庄：社旗大升玉茶庄，汝州闫老三茶社。

9. 古驿站：南阳宛城驿、接官亭，方城扳倒井驿站。

10. 古庙宇：南阳市天妃庙（妈祖庙）、大王庙。

11. 古关口：云阳关、鲁阳关、轵关、碗子城。

12. 古道路：宛洛古道之方城道，宛洛古道之三鸦道，太行陉、丹道、清沟道、白陉尚存之古石板道等。

13. 其他：沿线现存的大量碑刻、题记、志书、遗址等相关遗产。

四、万里茶道河南段文化线路保存现状

随着社会日新月异的变革和发展，传统运输模式及运输工具逐步被淘汰，现代化先进快捷的多样的交通线路和运输方式成为社会进步和发展一个重要表现，万里茶道这条纵贯南北、繁盛一时的商业贸易通道也早已退出历史舞台而成为文化记忆。

万里茶道在河南境内有水路和陆路之分，即南船北马的运输方式。水路运输主要在南阳的南部，南阳历史悠久，是国家级历史文化名城，因其独特的地理位置而一直是南北方冲突和交融的战略要地和交通枢纽，其北达京师，南通湖广，陆路驿道与水路码头相接，南船北马交替，山、陕、湖、广、闽等地商贾云集，商业、运输业兴旺，一直为豫西南的经济文化中心，航运业长期繁荣，唐河、白河自北向南入湖北合为唐白河汇入汉水而至长江，航路北通南阳、赊旗，南达襄阳、汉口，每日帆樯如织，往来不绝。唐河与白河民国时期尚在通航，但随着铁路和公路的建设以及水位的降低，航运船只和货物量大大减少，新中国成立后逐步失去了通航的能力。现河道清晰可见，但唐河和白河已成为季节性河流，

仅夏季雨水充沛时有较浅河水，其他季节基本断流，河床大部分裸露，局部段落人为砌筑拦水坝而蓄有水。现只有河道两侧残存的码头和渡口见证着唐河和白河航运的兴衰及商业曾经的繁荣。

茶叶等货物在南阳上岸后，转陆路走宛洛古道向北运输。历史上宛洛古道一直是连通南北的主要道路，因其所处地形不同而形成东西并列的两条道路，东为方城道，经由方城县桐柏山和伏牛山之间的平原垭口，所经之地较为平坦，道路宽阔，更易于行车，但需向东北绕行，路程较长。西为三鸦道，直接向北越伏牛山，过云阳关、鲁阳关，路程较短，但需翻山越岭，道路较窄，险要难行。两条古道早已废弃，但所经之处遗留下来的古街、古桥及残存的长期车辆辗压形成的古路沟等，仍能清晰串联起整条线路。现方城垭口和三鸦口因其独特的地理位置仍是南北交通要道，兰南高速和234国道自方城垭口穿过，焦枝铁路和231省道自三鸦口穿过。

万里茶道自洛阳孟津渡过黄河北上。历史上黄河流经孟津区域，河面变宽，水流较缓，易于行船摆渡，在黄河岸边沿线逐渐形成了大量的码头渡口，史料记载中较大的有小平津、濊陂津、平阴津、委粟津、硤石津、白鹤渡、白坡渡等。黄河水面长期的不断摆动、上游三门峡及小浪底等水库的建设、黄河之上多处公路桥及铁路桥的架设等因素，这些古渡口惜均已废弃，现痕迹也已消失殆尽，仅余黄河滩涂及因古渡而兴的扣马、白坡等古村落。

万里茶道渡黄河后向北越太行山奔山西，形成了多处通道。当时最为繁忙的太行道现已废弃，入山前的窑头村现仍存有出河南的最后一道收税部门——厘金所，山腰处的关口碗子城、"古羊肠坂"题刻及石板道等已被公布为省保单位并得到保护，丹道、清沟道、白陉道等虽也已废弃，但后来人为干预小，均保存下来大量的石板道，沿途的碑刻也多有存留。这些山间偏僻、幽静、充满历史沧桑的石板道现已成为旅游者探险和参观的胜地。

注 释：
———————
[1] 韩长松等:《焦作地区发现的朝顶碑刻研究》，选自《焦作文博考古与研究》，中州古籍出版社，2008年。

前　言

　　"丝绸之路"是指古代中国连接亚洲、非洲和欧洲的商业贸易路线。

　　河南地处中原,是华夏文明起源与发展的核心区域。中原和西域虽然距离遥远,交通险阻,但早在先秦时期就有了密切联系和频繁往来。西汉时张骞凿空西域,开辟了举世闻名的丝绸之路;东汉班超经营西域 30 年,确保了丝绸之路畅通。公元 166 年,大秦使臣来到洛阳,标志着中西方文化交往的开始。北魏迁都洛阳,将草原丝绸之路延伸至中原。隋唐大运河的开通,将洛阳与丝绸之路陆海相连,中原的瓷器及丝绸通过水路远销海外。明清时期的万里茶道从中原经过,河南成为水陆运输的重要节点。

　　丝绸之路不仅是一条商贸之路,更是一条文化交流之路。两千多年过去了,丝绸之路对人类文明的贡献以及对历史进程的推进作用依然令世人惊叹和称道。洛阳作为丝绸之路的重要起点,是连接海陆丝绸之路、草原丝绸之路与万里茶道的中心枢纽,具有十分特殊的地位。河南博物院与洛阳博物馆联合举办 "丝绸之路与中原"特展,精选各类相关文物 400 余件(组),从史前时期延至明清,跨越六七十年的历史时空。通过展览,使观众能够更进一步了解古代丝绸之路中原与西域密切的文化交流,以及通过交流融合而创造的灿烂文化,更能深刻感悟 "丝绸之路"的历史影响和 "一带一路"的伟大意义。

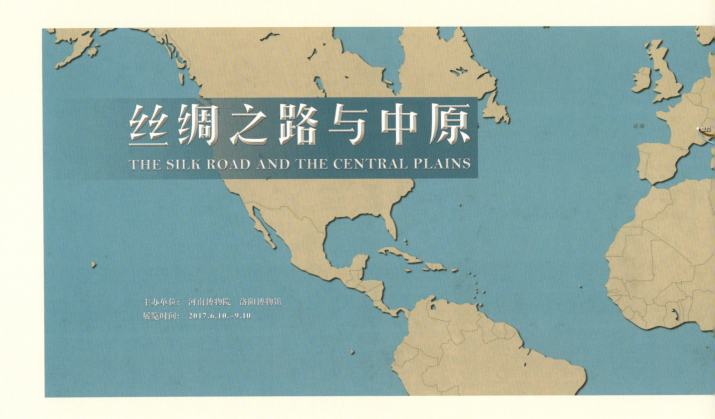

丝绸之路与中原
THE SILK ROAD AND THE CENTRAL PLAINS

主办单位：河南博物院　洛阳博物馆
展览时间：2017.6.10.—9.10

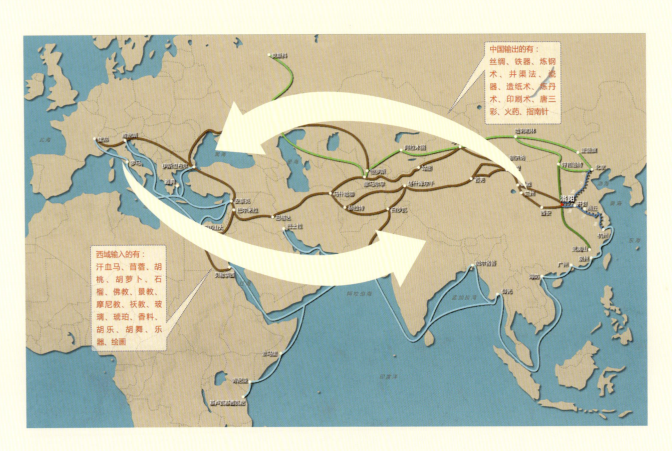

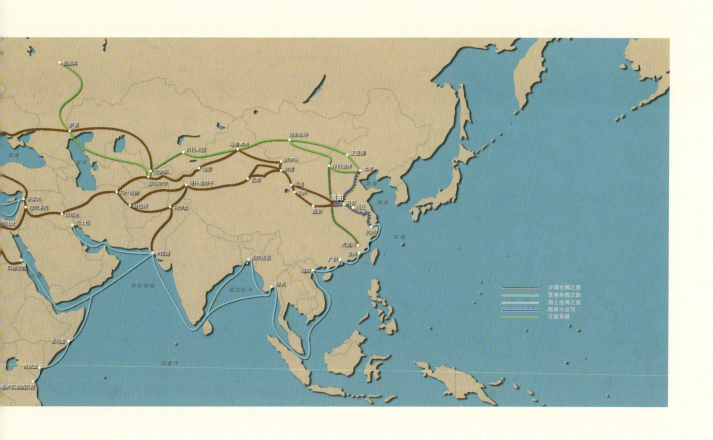

◄● 丝绸之路中西方交流的主要商品、
技术或物种示意图

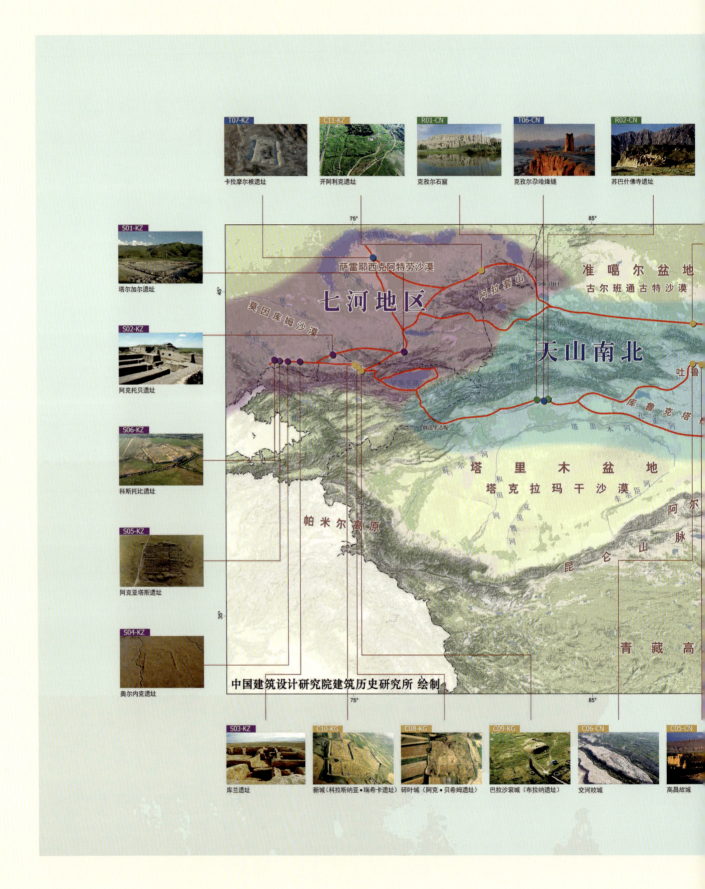

T07-KZ 卡拉摩尔根遗址

C11-KZ 开阿利克遗址

R01-CN 克孜尔石窟

T06-CN 克孜尔尕哈烽燧

R02-CN 苏巴什佛寺遗址

S01-KZ 塔尔加尔遗址

S02-KZ 阿克托贝遗址

S06-KZ 科斯托比遗址

S05-KZ 阿克亚塔斯遗址

S04-KZ 奥尔内克遗址

S03-KZ 库兰遗址

C10-KG 新城（科拉斯纳亚·瑞希卡遗址）

C08-KG 碎叶城（阿克·贝希姆遗址）

C09-KG 巴拉沙衮城（布拉纳遗址）

C06-CN 交河故城

C05-CN 高昌故城

萨雷耶西克阿特劳沙漠

七河地区

莫因库姆沙漠

阿拉套山

准噶尔盆地
古尔班通古特沙漠

天山南北

库鲁克塔格

塔里木盆地
塔克拉玛干沙漠

帕米尔高原

昆仑山脉

阿尔金山

青藏高原

中国建筑设计研究院建筑历史研究所 绘制

● "丝绸之路"遗产分布图

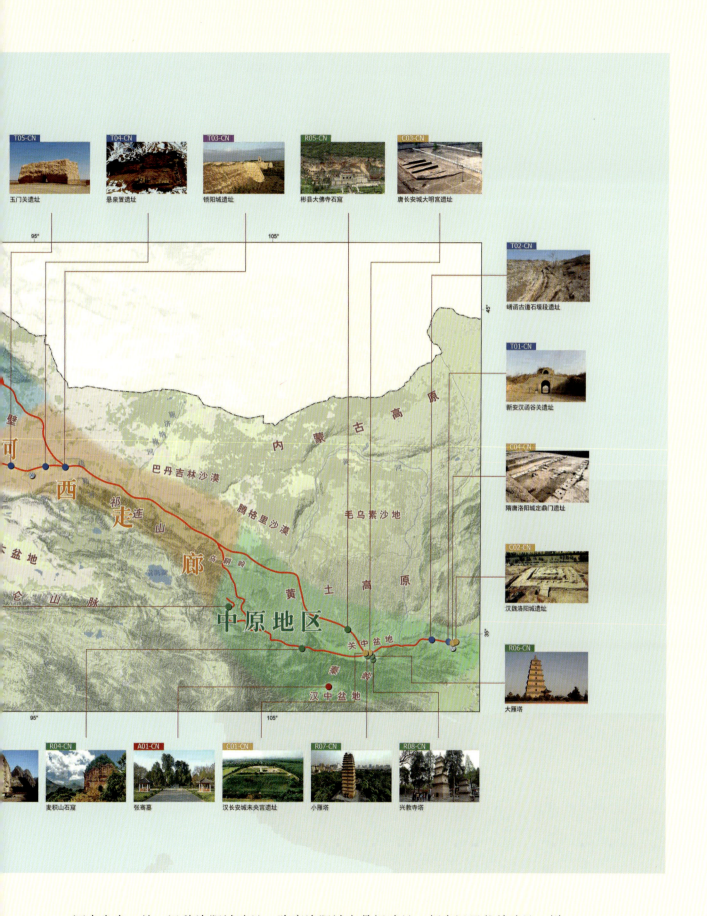

河南省有 4 处：汉魏洛阳城遗址、隋唐洛阳城定鼎门遗址、新安汉函谷关遗址、崤函古道石壕段遗址。

丝路萌芽

先秦时期
（公元前 206 年前）

位于华夏腹地的中原，自古以来就与中亚、西亚和地中海沿岸地区有着千丝万缕的联系。小麦、马车、冶铜术、玻璃器等的东传，粟和黍、丝绸、瓷器等的西渐，沟通中西贸易与文化交流的玉石之路，成为汉以后丝绸之路的萌芽与先导。

（一）文化碰撞——中国与西亚的彩陶文化

　　中国是世界上最早发明彩陶的地区之一。中原地区的彩陶文化可溯至距今七千年前，前后延续了两千余年。中原彩陶由东向西迁移，在新疆西部与中亚一带与西方文化碰撞。源于西亚的彩陶，产生时间与我国黄河流域大致相当，其影响到达埃及、爱琴海、印度、中亚地区。两大彩陶发源地各自影响了广阔的区域，并在双方影响所及的边缘地带发生了一定程度的相互借鉴。

● 庙底沟文化彩陶分布及影响范围示意图

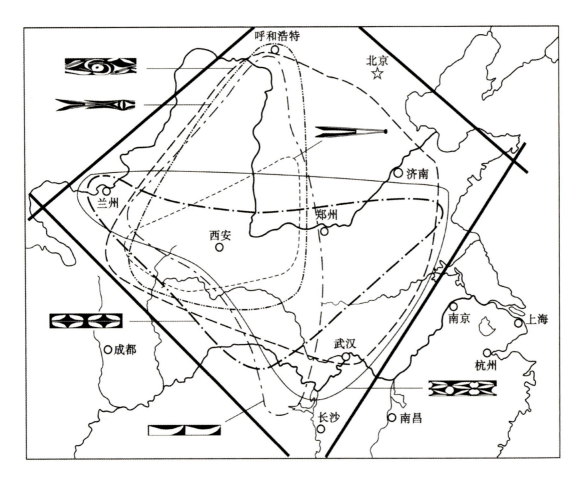

白衣彩陶钵

新石器时代仰韶文化（距今 6800~4800 年）
高 21、口径 21 厘米
郑州市大河村出土
河南博物院藏

白衣彩陶钵

新石器时代仰韶文化（距今 6800~4800 年）

高 7.8、口径 14.5 厘米

三门峡市庙底沟出土

河南博物院藏

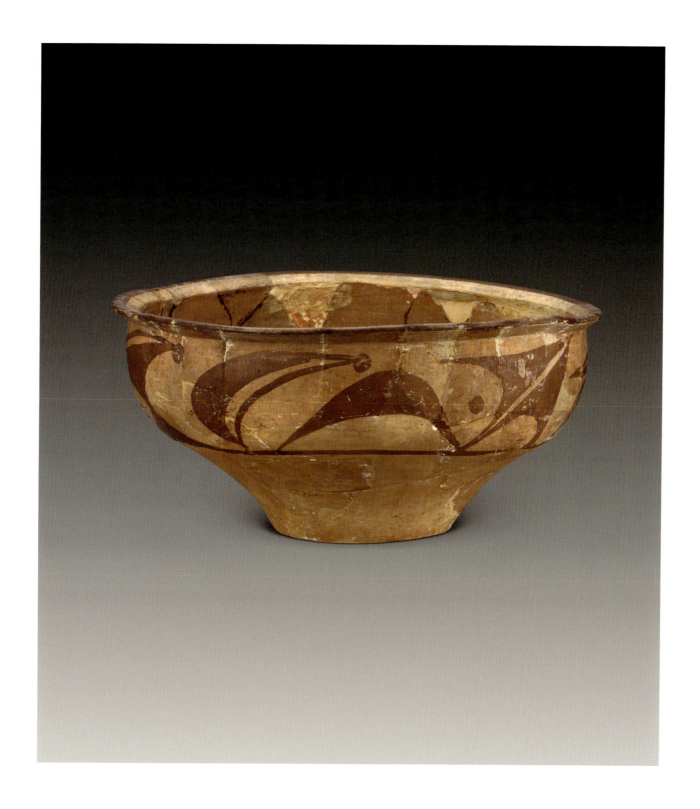

白衣彩陶盆
新石器时代仰韶文化（距今 6800~4800 年）
高 18、口径 36.3 厘米
1956 年三门峡市庙底沟出土
河南博物院藏

勾连纹彩陶钵

新石器时代仰韶文化（距今 6800~4800 年）

高 18、口径 22 厘米

郑州市后王庄出土

河南博物院藏

白衣彩陶钵

新石器时代仰韶文化（距今 6800~4800 年）

高 12、口径 19 厘米

1956 年三门峡市庙底沟出土

河南博物院藏

● 马家窑文化彩陶

　　马家窑文化处于距今约 5000~4000 年的新石器时代晚期。马家窑文化彩陶受到仰韶文化彩陶的强势影响，以彩陶器皿为代表，器型丰富多姿，图案绚丽多彩、富于变化，是史前彩陶艺术的一个顶峰。主要分布于甘青地区的马家窑文化，是中原与西亚彩陶交流互鉴的重要见证。

彩陶盆
新石器时代马家窑文化（距今 5000~4000 年）
高 18、口径 28 厘米
征集
河南博物院藏

双耳彩陶壶

新石器时代马家窑文化（距今 5000~4000 年）

高 42.5、腹径 40.5 厘米

征集

河南博物院藏

单耳彩陶壶

新石器时代马家窑文化（距今 5000~4000 年）

高 33.8、口径 10.5、腹径 24.8 厘米

征集

河南博物院藏

（二）绩丝为裳——蚕与丝绸

　　中国是家蚕养殖与缫丝织锦的国度，传说中黄帝妃子嫘祖最早开始养蚕。历代都有"皇帝亲耕，皇后亲蚕"的仪式。先秦时期出土的很多玉器、青铜器上都发现有包裹丝织物的痕迹，丝绸在当时是上等的织物。中原的洛阳、南阳方城一带都是养蚕缫丝的主产区，中国的丝绸顺着中西交通的要道源源不绝运往西方，中国也被称为丝的国度。

● 郑州荥阳青台遗址

● 青台遗址出土的丝织品——罗

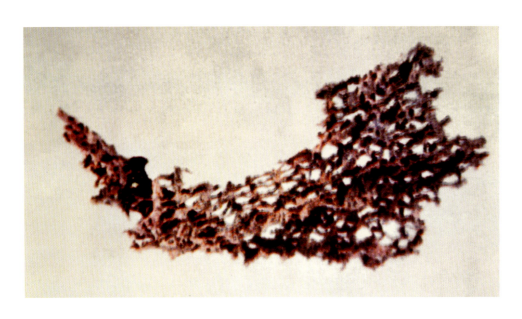

红陶蚕

新石器时代仰韶文化（距今 6800~4800 年）
长 5.2 厘米
淅川出土
河南博物院藏

玉蚕

西周（公元前 1046~ 前 771 年）
长 4、宽 1.7 厘米
1966 年洛阳瀍河机瓦厂出土
洛阳博物馆藏

（三）播厥百谷——小麦的传入

　　小麦原产于西亚地区。4500年前后小麦出现于中亚及我国西北地区，距今4000年左右传入中原。在河南禹州瓦店遗址、河南博爱县西京城遗址以及河南登封王城岗遗址等都发现了龙山文化时期（距今约4000年）的小麦。至公元前1500年前后的商王朝时期，小麦成为中国北方普遍种植的农作物品种之一。

● 距今4000年左右发现的小麦

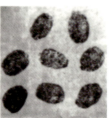

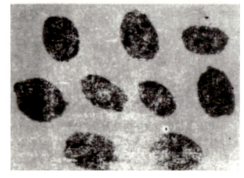

登封王城岗炭化小麦

（图片来源：中国社会科学院考古研究所编《考古中华》，科学出版社，2010年版）

民乐东灰山发现小麦

（图片来源：甘肃省文物考古研究所、吉林大学北方考古研究室编《民乐东灰山考古——四坝文化墓地的揭示与研究》，科学出版社，1998年版）

河南发现的早期小麦遗存列表

遗址名称	遗存	考古学时期或历史年代
禹州瓦店遗址	炭化粟、黍、稻、小麦	龙山晚期
博爱西金城遗址	炭化小麦粒	龙山晚期
新密新砦遗址	炭化小麦	龙山文化新砦期（夏代早期）
洛阳皂角树遗址	小麦、大麦	二里头文化（夏代中后期）
偃师二里头遗址	陶尊残片上麦穗纹	二里头文化（夏代中后期）
登封王城岗遗址	炭化小麦	二里头文化（夏代中后期）
偃师商城	炭化小麦	商代早期
殷墟	炭化小麦	商代晚期

（四）范金合土——冶铜术的传入

冶铜术出现在西亚的时间不晚于距今 7000 年，而中原地区最早出现的铜制品是在距今 4000 多年前的新石器时代晚期。冶铜术由西方传入中国，并在中原地区形成了独具特色的陶范铸造，大量用于铜礼器的制作，进而形成了一个辉煌的青铜时代，将冶铜术的发展提升到了一个新高度。

河南偃师二里头遗址遗迹分布（卫星影像）

（图片来源：中国社会科学院考古研究所编《考古中华》，科学出版社，2010 年版）

镶嵌绿松石牌饰

夏代（公元前 2070 年～前 1600 年）

高 16.3、宽 10.8 厘米

偃师二里头遗址出土

洛阳博物馆藏

镶嵌绿松石铜牌饰，除了在二里头遗址有较多发现外，在四川
广汉三星堆、甘肃天水等地也有发现，是夏商时期中原与这些
地区文化交流的物证。

铜爵

夏代（公元前 2070 年～前 1600 年）

通高 14.5、通长 19.5 厘米

新郑望京楼出土

河南博物院藏

乳钉纹铜斝

夏代（公元前 2070 年～前 1600 年）

高 45.3、口径 25 厘米

征集

河南博物院藏

铜铃

夏代（公元前 2070 年～前 1600 年）

通高 9、长 6.2、宽 4 厘米

偃师二里头遗址出土

河南博物院藏

该铃出土时，铃腔内有一管状玉质铃舌，且铃体被数层织物
包裹。

（五）玉出昆冈——商代玉器中的和田玉

● 殷墟妇好墓出土和田籽玉器

公元前 15 世纪左右，中原商人就已出入塔克拉玛干沙漠边缘，购买产自新疆地区的和田玉石，同时出售海贝等沿海特产。安阳殷墟妇好墓出土的玉器玉质精美，多为透闪石软玉，不少选用和田籽玉，有些青玉中还带有玉皮和"石根子"，这说明至少在公元前 13 世纪，中国就已经开始和西域乃至更远的地区进行商贸往来。

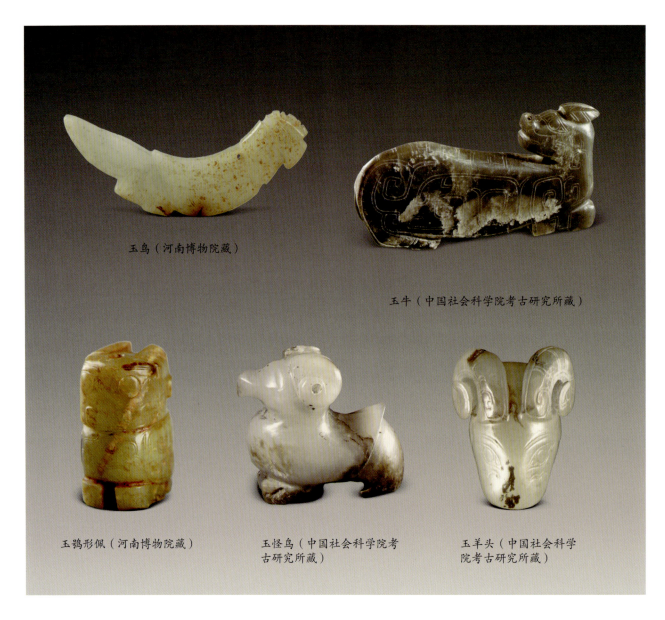

玉鸟（河南博物院藏）

玉牛（中国社会科学院考古研究所藏）

玉鸦形佩（河南博物院藏）

玉怪鸟（中国社会科学院考古研究所藏）

玉羊头（中国社会科学院考古研究所藏）

玉跽坐人佩

商代（公元前 1600~ 前 1046 年）

通高 5.6、宽 2 厘米

1976 年安阳市殷墟妇好墓出土

河南博物院藏

（六）引重致远——中国马车的来源

马车这种能进行长距离运输的交通工具的出现，令大规模的贸易和交往成为可能。大约在 5000 多年前，在中亚高加索包括西亚一带，已经出现了四轮车。河南偃师二里头遗址发现的迄今最早的东亚地区用车证据——车辙痕，以及在中亚至中原一线岩画中有关马车的刻画，表明了中原的马车可能是由中亚传入。殷墟发现较多贵族墓随葬的马车，说明马车在商代变得成熟且普遍起来，而中国马车使用轭引法，有别于西方的胸系法，是一种更为合理的改进。

● 世界各地早期马车

二里头遗址发现的车辙痕

安阳殷墟钢铁厂发掘车马坑

殷墟大司空 M231 车马坑

乌尔王室墓出土的细木作镶嵌画中的马车（约公元前 2500 年）

塞浦路斯出土古希腊双耳爵上的马车图案
（公元前 1600 至前 1100 年）

亚述石板浮雕上的马车（约公元前 800 多年）

● "天子驾六" 车马坑

《礼记·王度》记载"天子驾六，诸侯驾五，卿驾四"，洛阳东周王城天子驾六车马坑的发掘证实了《礼记》所载天子驾马用数的可信性。

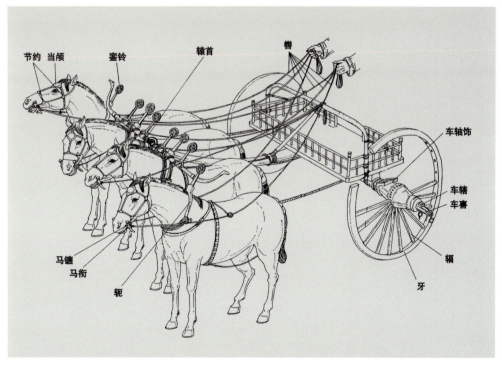

古代战车各部位名称示意图

铜马

春秋（公元前 770~前 476 年）

高 7.5、长 19.2 厘米

2001 年洛阳市唐工西路出土

洛阳博物馆藏

人形车辖
西周（公元前 1046~前 771 年）
通高 22.5、长 19、宽 10 厘米
1964 年北窑庞家沟出土
洛阳博物馆藏

夔龙牛首纹铜车饰

西周（公元前 1046~前 771 年）

通高 18.6 厘米

洛阳出土

洛阳博物馆藏

夔凤纹铜辕饰

西周（公元前 1046~前 771 年）

通高 15 厘米

洛阳出土

洛阳博物馆藏

凤鸟纹马镳及马衔

西周（公元前1046～前771年）

镳：长9.5、宽7.9厘米

衔：长20厘米

1964年北窑庞家沟出土

洛阳博物馆藏

人面铜马具
西周（公元前 1046～前 771 年）
高 16.1、宽 15.6 厘米
平顶山应国墓地出土
河南博物院藏

（七）天下之中——成周与东周王城

武王伐商后，在洛阳营建东都，称为成周。公元前770年，周平王东迁洛邑（洛阳），史称东周，所居之城称为东周王城。东周时期，列国纷争，但东周王城为天子之都，在列国都邑中仍保持着宗主国的躯壳，中原也成为各诸侯国争霸的核心区域。各诸侯国为争霸中原所开辟的行军大道成为后世丝绸之路的滥觞。

扁茎铜短剑
西周（公元前1046~前771年）
长21厘米
洛阳北窑西周墓出土
洛阳博物馆藏

三銮卷锋铜刀
西周（公元前1046~前771年）
长26、宽9.5厘米
1993年林校车马坑出土
洛阳博物馆藏

蟠龙纹铜盉

西周（公元前1046～前771年）

宽16.1、长15.6厘米

1990年三门峡市虢国墓地出土

河南博物院藏

青瓷簋

西周（公元前 1046～前 771 年）

高 16、口径 22.5 厘米

1964 年洛阳瀍河机瓦厂出土

洛阳博物馆藏

四系青瓷罍

西周（公元前 1046～前 771 年）

高 27.3、口径 15.5 厘米

1964 年洛阳北窑机瓦厂出土

洛阳博物馆藏

夏商时期，在中原地区出现了原始青瓷，并在西周时期烧造
技术臻于成熟，仅洛阳北窑西周墓地所出土的原始青瓷器就
达三百余件，其胎质、釉色、渗水性等基本达到瓷器标准，
为汉以后中国瓷器的成熟奠定了基础。

青瓷豆

西周（公元前 1046～前 771 年）

高 9.5、口径 19.5 厘米

1964 年洛阳瀍河机瓦厂出土

洛阳博物馆藏

● 东周王城

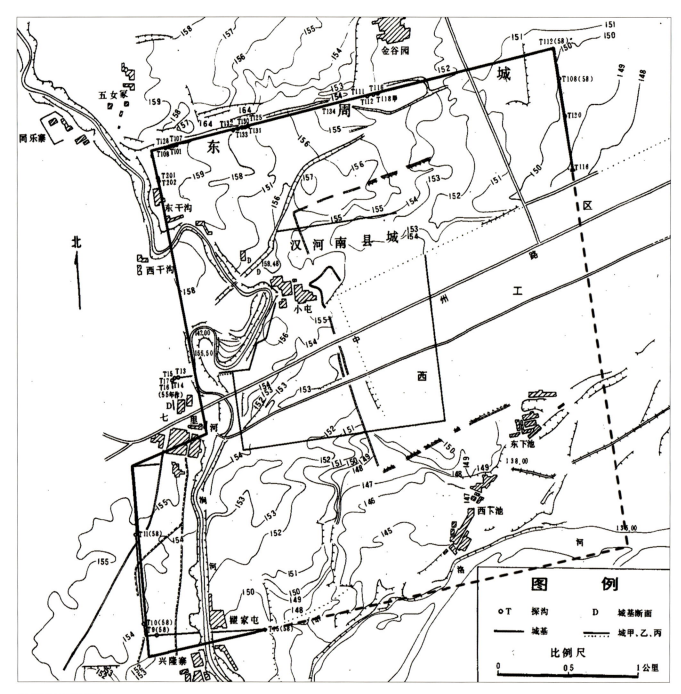

东周王城平面图

（图片来源：谢虎军主编《河洛文明》中州古籍出版社，2012年版）

东周王城城墙遗址

● 洛阳金村遗址出土器物

　　金村古墓位于东周王城遗址内，南临伊洛平原，北依邙山屏障，被认为是东周王室墓葬群。自 1928 年开始，金村 8 座大墓被盗掘一空，大批东周王室珍宝流失海外。加拿大传教士怀履光《洛阳古城古墓考》、日本人梅原末治《洛阳金村古墓聚英》二书收集流散的金村文物约 500 件组。特别是金村出土的玉器和金银器，包含有西方文化原素，是中西方文化交流的物证。

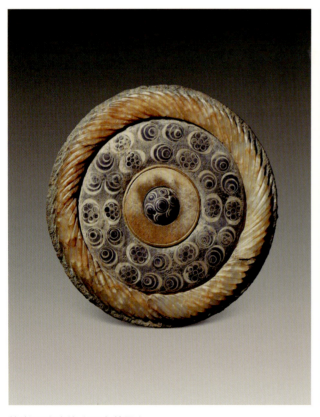

镶嵌玉琉璃镜（现存美国）　　　　　　　　错金银狩猎纹铜镜（现存美国）

铜神兽
春秋（公元前770～前476年）
高 48 厘米
1990 年淅川徐家岭楚墓出土
河南博物院藏

狩猎纹画像铜壶

春秋（公元前 770~前 476 年）

通高 41.8 厘米

1990 年淅川和尚岭楚墓出土

河南博物院藏

青铜羽纹扁壶
战国（公元前 475 年~前 221 年）
高 34.3、口径 12.5 厘米
三门峡上村岭出土
河南博物院藏

错金银嵌松石铜方罍、铜方鉴

战国（公元前 475 年～前 221 年）
罍：高 32、口长 15.6 厘米
鉴：高 21.6、口长 30.8 厘米
勺：长 43.7 厘米
三门峡上村岭出土
河南博物院藏

错金银铜辕首

战国（公元前 475 年~前 221 年）

长 22.5、宽 12.2 厘米

河南淮阳马鞍冢楚墓出土

河南博物院藏

贴金银带钩

战国（公元前 475～前 221 年）

长 19.5、宽 6.2 厘米

1985 年洛阳中州西路北侧出土

洛阳博物馆藏

嵌银金带钩

战国（公元前 475～前 221 年）

长 16.2 厘米

1992 年洛阳西工区针织厂出土

洛阳博物馆藏

错金嵌绿松石龙形铜带钩

战国（公元前 475～前 221 年）

长 21.6、宽 1.1 厘米

1992 年洛阳西工区针织厂出土

洛阳博物馆藏

紫晶项饰

战国（公元前 475 年～前 221 年）

通长 27 厘米

征集

河南博物院藏

青玉龙形佩
战国（公元前 475 年～前 221 年）
长 11.2、宽 6、厚 0.3 厘米
河南淮阳平粮台出土
河南博物院藏

玉璧
战国（公元前 475 年～前 221 年）
直径 6.1、孔径 2.1 厘米
1975 年河南三门峡上村岭出土
河南博物院藏

玉人

战国（公元前 475 年～前 221 年）

高 7.5、宽 3、厚 2.2 厘米

洛阳铜加工厂出土

洛阳博物馆藏

四山铜镜

战国（公元前 475 年～前 221 年）

直径 11 厘米

征集

河南博物院藏

嵌玻璃珠山字纹铜镜

战国（公元前 475 年～前 221 年）
1992 年洛阳西工区战国墓出土
洛阳博物馆藏

山字纹镜在战国晚期出现并流行，其中六山镜较
为少见，清至民国藏家曾将其称作六合一统镜，
比附秦始皇统一六国。实际上山字纹应该是截取
勾连雷纹的局部作为主体纹饰，并不具备特殊含
义。这面六山镜上镶嵌有西方文化因素的玻璃珠，
是中西文化交流的有力物证。

玻璃珠

战国（公元前 475 年～前 221 年）

最大直径 2.3、最小直径 0.7 厘米

1987 年洛阳市西小屯出土

洛阳博物馆藏

玻璃最初由火山喷出的酸性岩凝固而得，两河流域是最早发明玻璃的地方，古埃及人掌握玻璃饰品和玻璃器皿的技术并将其臻于纯熟，上述地区的玻璃制作技术经由古丝绸之路传入中原，洛阳发现的东周玻璃制品或是西方传入之物或是中原仿制生产的，是中西文化交流的见证。

玻璃球

战国（公元前 475 年～前 221 年）

直径 5 厘米

征集

河南博物院藏

● 蜻蜓眼玻璃珠

　　蜻蜓眼玻璃珠，因其外形似蜻蜓的眼睛而得名。本来是埃及人的一大发明，后为腓尼基人和波斯人所掌握。据研究，中国出土的战国时期西方蜻蜓眼琉璃珠，基本上为腓尼基和伊朗吉兰两地的产品。可知，中国最早的蜻蜓眼玻璃珠都是通过丝绸之路传来的西亚制品。

淅川徐家岭楚墓出土蜻蜓眼玻璃珠

固始侯古堆出土蜻蜓眼玻璃珠

辉县固围村银带钩上所镶嵌蜻蜓眼玻璃珠

● 玻璃的产生

玻璃古代也称琉璃，约公元前 5000 年，两河流域的苏美尔人最早把玻璃当作釉面涂料，制作出了琉璃器，进而产生了原始玻璃。玻璃的主要成分是硅酸盐，而其原料是石英石，纯碱是其助溶剂，位处地中海沿岸的腓尼基因具备上述所有条件，所以成为了玻璃器制造业的起源地，并在公元前 2000 年左右传入埃及，埃及人将此项技术发挥得淋漓尽致，至公元前 1000 年左右，埃及的玻璃占领了几乎整个西亚的市场。

● 中外玻璃器的区别

西方玻璃主要为钠钙玻璃，透明度较高，中国的玻璃以铅钡玻璃为主，透明度稍低，模仿玉石类。中国最早的玻璃是属于含碱钙硅酸盐玻璃，以氧化钾为助溶剂，是从原始瓷釉发展过来的，与西方的费昂斯玻璃十分相似，很多学者认为两者间有交流影响关系。中国本土玻璃制作进入后期是以氧化铅和氧化钾为主要助溶剂，玻璃成为为铅钡硅酸盐玻璃和钾硅酸盐玻璃。

● 玻璃的传入

西方玻璃传入我国较早，约相当于中原西周或春秋时期，新疆拜城和塔城发现一批西方工艺传统的玻璃珠，皆属于西方钠钙玻璃，很有意思的是，这批玻璃珠虽然技术上采用的是中亚或西亚的传统技术，但原料很可能采自当地。西方玻璃传入黄河流域和长江流域则在春秋末期和战国初期，以河南固始侯古堆 M1、山西长治分水岭 M270、河南南阳淅川徐家岭 M10、湖北随县曾侯乙墓出土的蜻蜓眼玻璃珠以及河南辉县琉璃阁所出吴王夫差剑和湖北江陵望山一号墓随葬的越王勾践剑两剑剑格上镶嵌的硅酸盐玻璃块为实物代表。这些西方玻璃在当时都出自王公贵族墓，表明其珍贵与稀有，当时甚至有用釉陶珠来制作的蜻蜓眼玻璃珠的仿制品。

● 中国玻璃器的发展

由于中国的玻璃器皿发展相对滞后，而西方则发展迅速，从而古代文献中对"西方之国"出产玻璃的记载较多。晋代文学家潘尼曾作《琉璃碗赋》道："览方贡之彼珍，玮兹碗之独奇。济流沙之绝险，越葱岭之峻危。其由来也阻远，其所托也幽深。据重峦之亿仞，临洪溪之万寻。接玉树与琼瑶，邻沙棠与碧林。瞻阆风之崔嵬，顾玄圃之萧参。于是游西极，望大蒙。历钟山，窥烛龙。觐王母，访仙童。取琉璃之攸华，诏旷世之良工。"

埃及新王国时期心形护符（距今3000多年）

埃及新王国时代心形玻璃护符（距今3000多年）

公元前500年古希腊玻璃制香水瓶

埃及亚历山大出土玻璃双耳酒杯（公元前300至前200年）

●《琉璃碗赋》

　　览方贡之彼珍，玮兹碗之独奇。济流沙之绝险，越葱岭之峻危。其由来也阻远，其所托也幽深。据重峦之亿仞，临洪溪之万寻。接玉树与琼瑶，邻沙棠与碧林。瞻阆风之崔嵬，顾玄圃之萧参。于是游西极，望大蒙。历钟山，窥烛龙。觐王母，访仙童。取琉璃之攸华，诏旷世之良工。纂玄仪以取象，准三光以定容。光映日耀，圆成月盈。纤瑕罔丽，飞尘靡停。灼烁旁烛，表里相形。凝霜不足方其洁，澄水不能喻其清。刚坚金石，劲励琼玉。磨之不磷，涅之不浊。举兹碗以酬宾，荣密坐之曲宴。流景炯晃以内澈，清醴瑶琰而外见。

二

丝路开启

两汉时期
（公元前 206～公元 220 年）

　　汉武帝时期，张骞两次出使西域诸国，开辟了中西交流的通道。通过使者或商人，将中国的丝绸、漆器和铁器带至中亚、西亚乃至地中海东岸地区，将西域的骏马、狮子、鸵鸟和胡桃、苜蓿、葡萄和石榴等带到中原。印度佛教也于两汉之际传入中原内地，极大地推动了中原与西域之间的物质文化交流。东汉时期的班超从洛阳出发，在西域经营 30 年，奠定西域与中原政治、经济、文化交流的基础。

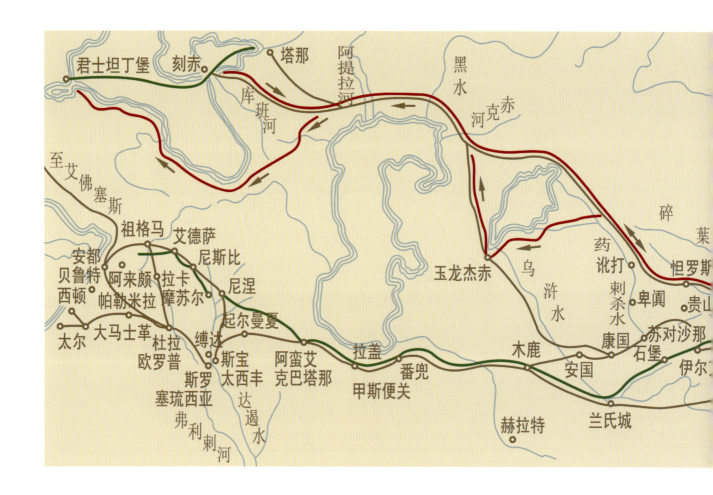

● 张骞出使西域图

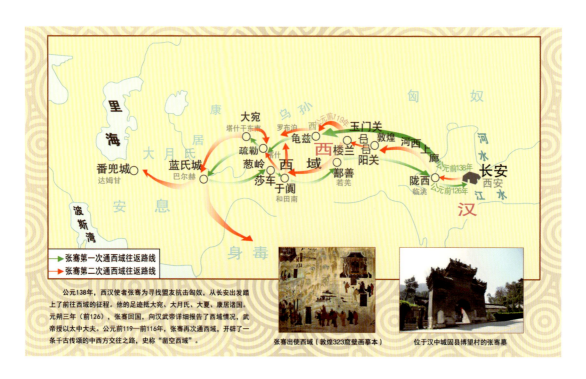

张骞出使西域（敦煌323窟壁画摹本）

位于汉中城固县博望村的张骞墓

公元138年，西汉使者张骞为寻找盟友抗击匈奴，从长安出发踏上了前往西域的征程。他的足迹抵大宛、大月氏、大夏、康居诸国。元朔三年（前126），张骞回国，向汉武帝详细报告了西域情况，武帝授给以太中大夫。公元前119—前116年，张骞再次通西域，开辟了一条千古传颂的中西方交往之路，史称"凿空西域"。

丝绸之路图

● 班超出使西域图

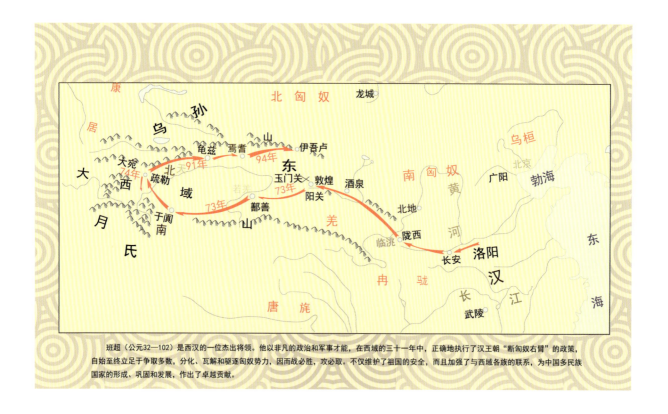

班超（公元32—102）是西汉的一位杰出将领。他以非凡的政治和军事才能，在西域的三十一年中，正确地执行了汉王朝"断匈奴右臂"的政策，自始至终立足于争取多数，分化、瓦解和驱逐匈奴势力，因而战必胜，攻必取。不仅维护了祖国的安全，而且加强了与西域各族的联系，为中国多民族国家的形成、巩固和发展，作出了卓越贡献。

永平十六年（公元73年），汉明帝派窦固率兵攻打匈奴，班超奉命率36人出使鄯善国，隔绝已久的丝绸之路重新开通。公元97年，班超派副使甘英出使大秦（罗马帝国），直达波斯湾边，这是中国使者第一次抵达波斯湾。班超在西域经营30年，为西域的繁荣发展作出了积极贡献。和帝永元十四年（公元102年），班超上书朝廷，返回洛阳。当年，班超卒于洛阳，葬于邙山，今孟津县张阳村有班超墓。

● 汉魏洛阳城城墙

东汉洛阳城南北九里，东西六里，四面共设城门12座，纵横24条大街。城内宫殿布局分南宫和北宫，二宫南北对峙，中间以复道相连。城南建有规模宏大的明堂、辟雍、灵台和太学等重要礼制建筑。东汉时记载西域各国距离，均以洛阳为出发点，表明丝绸之路的东方起点转移到洛阳，当时的洛阳"车船贾贩，周于四方，废居积贮，满于都城。琦赂宝货，巨室不能容；马牛羊豕，山谷不能受"，形象描述了洛阳商业的繁华景象。

汉魏洛阳城城墙

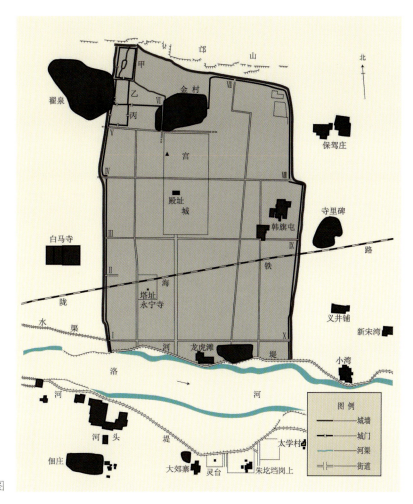

汉魏洛阳城平面实测图

● 蔡伦与造纸术

　　蔡伦，字敬仲，东汉永平十八年（公元75年）以宦官入选洛阳宫，后主管宫内御用器物和手工作坊。在此期间，他总结前人造纸经验，改进造纸工艺，利用树皮、碎布、麻头、鱼网等原料研制出更好的纸张，受到和帝称赞，造纸术也因此而得到推广，由他监制的纸也被称为"蔡侯纸"。造纸术是我国古代四大发明之一，并经丝绸之路传播至欧亚大陆，对世界文明做出了杰出的贡献。

▲ 1. 切割
▲ 2. 洗涤
▲ 3. 浸灰水
▲ 4. 蒸煮
▲ 5. 舂捣
▲ 6. 打浆
▲ 7. 抄纸
▲ 8. 晾纸
▲ 9. 揭纸

（一）雄关险道

崤函古道是我国古代沟通长安、洛阳两大都邑的东西干道上最为崎岖的一段，《水经注》描述其险称"车不并辕，马不并列"。因此，自古以来就是交通咽喉。

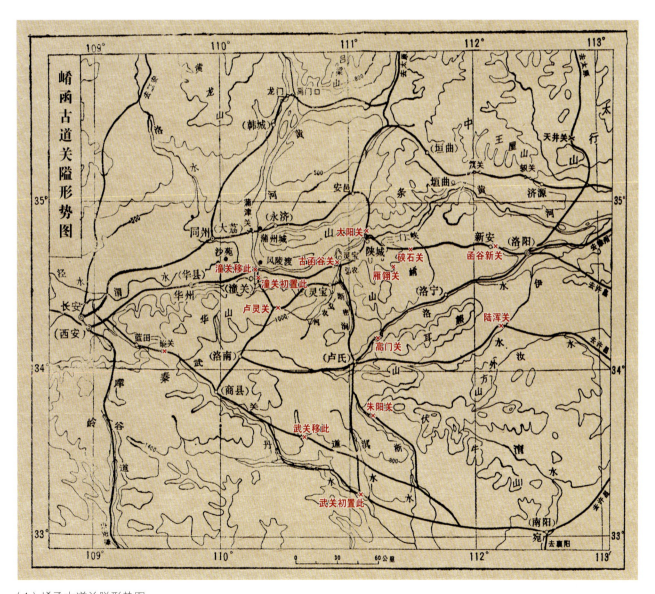

（1）崤函古道关隘形势图

（3）汉代函谷关关口

函谷关最早为战国时秦国所置，在今洛阳以西灵宝境内。东汉时期楼船将军杨仆"徙关于新安"（今洛阳市新安县）。函谷关西据高原，东临洛阳，南接秦岭，北塞黄河，是古代中原腹地与西北地区经济、文化交流的必经要道，是东去洛阳，西达关中的咽喉，为洛阳八关之首。

（4）盐东仓储遗址

新安盐东村汉函谷关仓储建筑遗址位于新安县仓头乡盐东村，与黄河垂直距离约600米。遗址整体呈长方形，南北长179米，东西宽29米，由城垣、函道、柱础石、路面等遗址组成。城垣内被两道东西向宽约6米的隔墙分成三个单元，现存通道25条。通道两壁有垂直状柱槽。整个建筑地面及围墙均由夯土修筑而成，城垣内地表分布有排列有序的大小两种柱石。这是一处与函谷关构成同一防御体系的仓库建筑遗址。

"关"字瓦当

汉代（公元前206年～公元220年）

直径14.5、厚4厘米

1998年新安县汉函谷关仓库建筑遗址出土

洛阳博物馆藏

石辟邪

东汉（公元 25 年~220 年）

河南许昌禹州出土

长 143、残高 97 厘米

河南博物院藏

东汉时期陵墓前的石刻雕塑，身若虎，头类狮，系用
一块完整的青石雕成，其造型和西方有翼神兽有异曲
同工之妙，属于中西文化结合的产物。

鎏金青铜羽人

东汉（公元 25～公元 220 年）
高 15.5、底径 9.5 厘米
1987 年河南洛阳东郊汉墓出土
洛阳博物馆藏

（二）凿井、铸铁技术的西传

中国是最早发明井的国家，早在新石器时代的黄河中下游和长江下游地区就开始出现井，井的发明标志着定居生活和农耕文明发展到一定阶段。到了汉代，中国的凿井技术已经趋于成熟，并由丝绸之路向西传播。

中国在商代已使用陨铁制造兵器，春秋时代开始人工冶铁。汉代铁器已经普遍使用，并产生铸铁新技术。中国的铁制品沿着丝绸之路传入西方，在胡汉战争中逃亡到西域的士兵将铸铁技术传给大宛和安息人。后铁制兵器流传至罗马帝国。

亭式陶井

东汉（公元 25 年~220 年）
洛阳市郊出土
高 26.5、长 11.7、底径 8.5 厘米
洛阳博物馆藏

浮雕龙纹陶井栏
东汉（公元 25 年～220 年）
高 13.2 厘米
洛阳出土
洛阳博物馆藏

"东井灭火" 陶井

东汉（公元 25 年～220 年）
高 12.2、井长 24.6、宽 16.9 厘米
洛阳出土
河南博物院藏

THE SILK ROAD AND THE CENTRAL PLAINS

铁锤范

东汉（公元 25 年～220 年）
长 20、宽 15 厘米
三门峡市渑池县出土
河南博物院藏

方孔齿轮

东汉（公元 25 年～220 年）

直径 7、厚 2 厘米

三门峡市渑池县出土

河南博物院藏

铁锤

东汉（公元 25 年~220 年）

直径 8、长 13 厘米

三门峡市渑池县出土

河南博物院藏

铁斧范

东汉（公元 25 年~220 年）

长 19、宽 10.5 厘米

三门峡市渑池县出土

河南博物院藏

（三）汉风胡韵

　　两汉时期，随着丝绸之路的开通，中西文化的交流日益频繁，在中原地区出现了较多具有浓郁西域文化气息的生活用品和随葬明器，极大地丰富了人们的生产生活和精神世界。

乐舞杂技俑群

汉代（公元前 206～公元 220 年）
尺寸不等
洛阳市烧沟汉墓出土
河南博物院藏

● 文摘

　　灵帝好胡服、胡帐、胡牀、胡坐、胡饭、胡箜篌、胡笛、胡舞，京都贵族皆竞为之。

——《后汉书·五行志一》

百戏陶俑群

汉代（公元前206～公元220年）

尺寸不等

征集

河南博物院藏

彩绘三人倒立杂技俑

东汉（公元 25 年～220 年）

通高 24、口径 10 厘米

1972 年洛阳涧西区汉墓出土

洛阳博物馆藏

樽沿上为三个倒立俑，其中两俑手按缸沿，身体
倒立，一腿弯曲上伸，一腿相交为拱形，另一人
倒立于二人腿上。倒立表演传自西域，为汉代艺
人所吸收改造，成为当时杂技的传统节目。

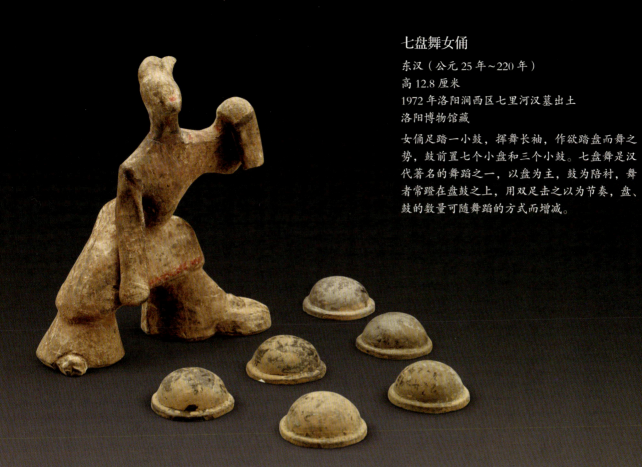

七盘舞女俑

东汉（公元 25 年~220 年）

高 12.8 厘米

1972 年洛阳涧西区七里河汉墓出土

洛阳博物馆藏

女俑足踏一小鼓，挥舞长袖，作欲踏盘而舞之势，鼓前置七个小盘和三个小鼓。七盘舞是汉代著名的舞蹈之一，以盘为主，鼓为陪衬，舞者常蹲在盘鼓之上，用双足击之以为节奏，盘、鼓的数量可随舞蹈的方式而增减。

倒立俑

东汉（公元 25 年~220 年）

高 7 厘米

征集

河南博物院藏

彩绘骑象俑

东汉（公元25年～220年）

高 10.3、长 10.8 厘米

1954 年洛阳防洪渠二段汉墓出土

洛阳博物馆藏

戏车画像砖

东汉（公元 25 年 ~220 年）
残长 62、宽 32、厚 5 厘米
新野县任营村采集
河南博物院藏

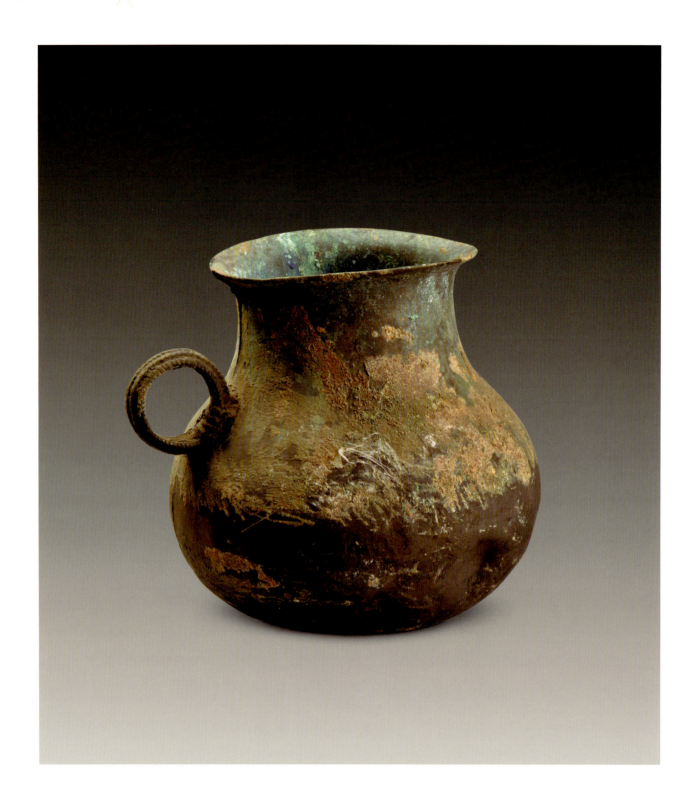

单环耳铜鍪

西汉（公元前 206 年～公元 25 年）

口径 12、高 16.6 厘米，

三门峡上村岭出土

河南博物院藏

铜鎏

汉代（公元前 206 年~公元 220 年）

高约 30 厘米

征集

河南博物院藏

铜博山炉

汉代（公元前 206 年～公元 220 年）

底盘直径 28.2、高 27 厘米

征集

河南博物院藏

铜鸠车

东汉（公元 25 年～220 年）

长 7、高 4.5 厘米

南阳宗康墓出土

河南博物院藏

铜奔羊

汉代（公元前206年～公元220年）

长7、高7.2厘米

1974年偃师寇店出土

河南博物院藏

鎏金团兽形节约2件

西汉（公元前206年～公元25年）

直径4.1厘米

永城梁孝王后墓出土

河南博物院藏

鸟形杖首饰

汉代（公元前206年～公元220年）

高7.2、长8.8厘米

征集

河南博物院藏

鎏金铜当卢

西汉（公元前 206 年~公元 25 年）

长 20.8、宽 7 厘米

永城梁孝王后墓出土

河南博物院藏

长颈玻璃瓶

东汉（公元 25 年~220 年）

高 13.5、口径 2.4 厘米

1987 年洛阳市东郊东汉墓出土

洛阳博物馆藏

公元 97 年，班超派甘英出使大秦，至安息，虽未到大秦，但中国使者的到来引起了红海彼岸的莫恰（今也门木哈）和阿杜利（今埃塞俄比亚马萨瓦港附近）的注意。100 年，莫恰、阿杜利派使者到洛阳，汉和帝赐两国国王紫绶金印。166 年，古罗马安敦尼王朝派使节出访汉朝，到达洛阳。从此罗马与汉朝正式建交通商。这件河南洛阳东汉贵族墓出土的玻璃瓶，是罗马的制品，应是东汉与罗马建交时传入的。

玉鲽形佩

西汉（公元前 206 年～公元 25 年）

长 7.4、宽 4、厚 0.5 厘米

1986 年永城僖山汉墓出土

河南博物院藏

鎏金嵌玉饰

西汉（公元前 206 年～公元 25 年）

直径 9、厚 0.5 厘米

三门峡上村岭出土

河南博物院藏

青玉透雕龙形璜

汉代（公元前206年～公元220年）

长9.5、宽2.9厘米

淮阳王店出土

河南博物院藏

彩绘陶兽

东汉（公元 25 年～220 年）

洛阳炼油厂三联合汉墓出土

高 26.7 厘米

洛阳博物馆藏

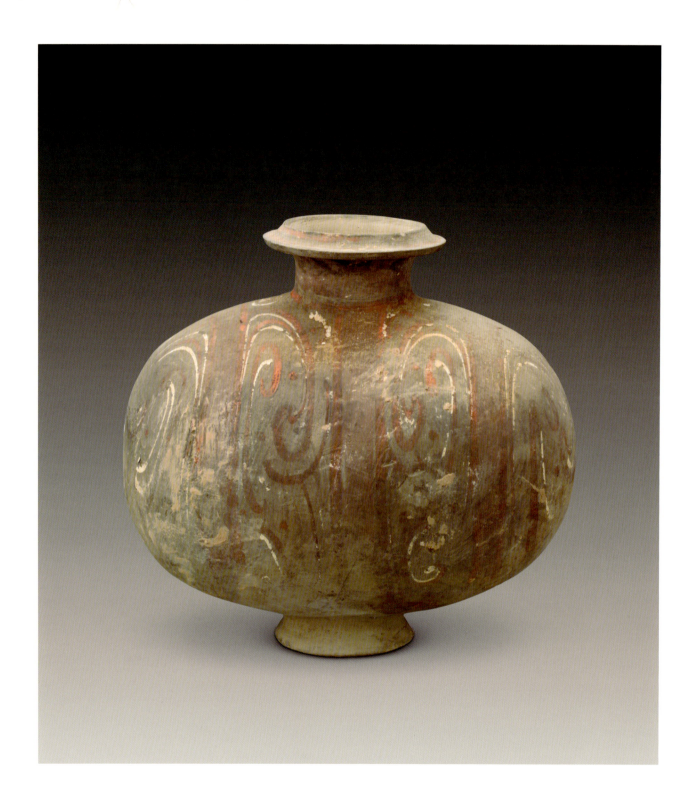

彩绘陶茧形壶

东汉（公元 25 年～220 年）

高 26.5、长 29.5、宽 20 厘米

洛阳出土

洛阳博物馆藏

绿釉胡人灯座

东汉（公元 25 年～220 年）

高 19 厘米

洛阳出土

洛阳博物馆藏

彩绘博山炉

东汉（公元 25 年～220 年）

通高 22、盘径 11.5、炉径 9.5 厘米

洛阳出土

洛阳博物馆藏

彩绘带盖陶壶

西汉（公元前 206 年～公元 25 年）

高 48.7，腹径 35 厘米

洛阳烧沟出土

河南博物院藏

人形柱三层绿釉陶榭

汉代（公元前 206 年～公元 220 年）

高 144、宽 47、进深 43 厘米

1954 年淮阳县九女冢采集

河南博物院藏

东王公西王母铜镜

东汉（公元 25 年～220 年）

直径 14.3 厘米

1982 年洛阳金谷园火车站出土

洛阳博物馆藏

规矩四神纹铜镜

汉代（公元前 206 年～公元 220 年）

直径 11.4 厘米

征集

河南博物院藏

跪拜舞蹈人物铜镜

东汉（公元 25 年～220 年）

直径 19 厘米

征集

河南博物院藏

内向十六连弧三龙镜

西汉（公元前 206 年～公元 25 年）

直径 15.3 厘米

新密曲梁乡蒋坡出土

河南博物院藏

● 中亚发现的汉式铜镜

　　两汉时期作为中西文化交流的第一个高峰期，以丝绸为代表的大量汉朝的物产传到中亚西亚，在中亚西亚地区出土的汉朝文物中，主要有丝绸、铜镜、钱币、漆器等。汉式镜在西亚大量出土，表明当时丝绸之路的开辟已成可能。

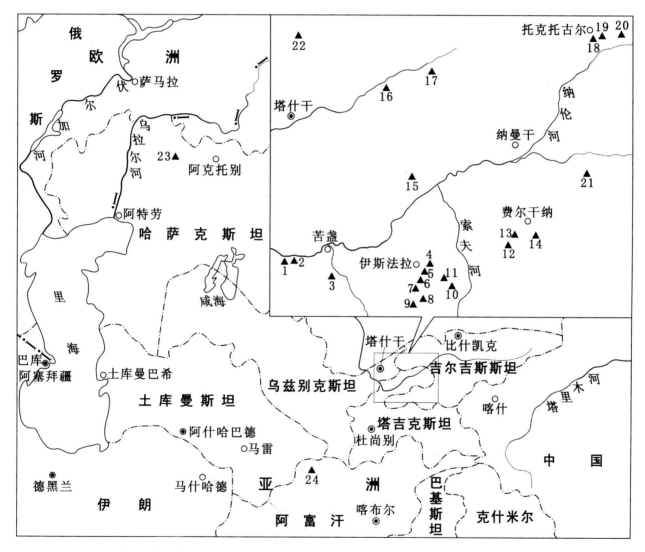

中亚地区出土汉式镜遗址分布示意图

1.孟察克山墓地　2.法尔哈茨特罗墓地　3.卡伊拉加奇墓地　4.乌斯特·穆珞墓地　5.卡拉达格墓地　6.斯鲁夫墓地　7.乔尔克墓地　8.沃尔夫墓地　9.沃尔夫峡谷　10.卡布拉克墓地　11.托拉·塔什墓地　12.江加伊尔墓地　13.罕基斯墓地　14.乌柳克佐尔墓地　15.阿休托墓地　16.羌察尔罕墓地　17.捷尔盖塔尔墓地　18.杰尔·阿雷克墓地　19.卡拉·特克梯尔墓地　20.土尔肯墓地　21.阿克山遗址　22.古尔米朗墓地　23.列别杰夫卡墓地　24.蒂利亚山墓地

蒂利亚山 2 号墓出土连弧   孟察克山出土连弧纹铭带镜   卡拉布拉克出土四虺镜   土耳其出土仿连孤纹铜镜
纹铭带镜

卡伊拉加奇出土方格博局纹铜镜   列别杰夫卡出土云雷连弧纹铜镜   杰尔·阿雷克出土直行铭文夔凤镜

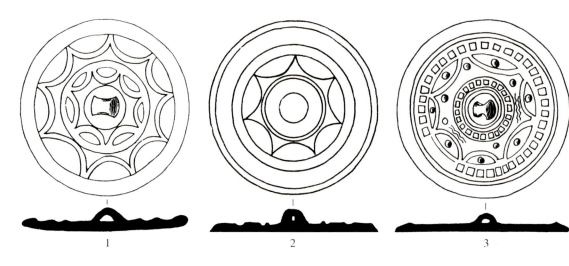

中亚出土仿连弧纹镜

● 中亚出土的汉式镜图例

（四）佛陀西来

在距今 2500 多年前，古印度迦毗罗卫国（今尼泊尔境内）王子乔达摩·悉达多（公元前 565 ~ 前 486 年）创立佛教。两汉之际通过丝绸之路传入中原地区。洛阳白马寺即为佛教传入中国后修建的第一座皇家寺院，域外高僧云集于此，洛阳成为当时著名的佛教中心，对政治、经济、文化影响极大。

● 佛教祖庭——白马寺

东汉永平七年（公元 64 年），汉明帝因南宫感梦，派遣使者蔡愔、秦景等 12 人出使印度。他们沿丝绸之路西行，在大月氏（今阿富汗）遇印度高僧摄摩腾、竺法兰，并见到佛经和佛像。永平十年（公元 67 年），摄摩腾、竺法兰应邀以白马载佛经和佛像，同汉朝使者来到洛阳。次年汉明帝兴建白马寺，二高僧在此翻译了中国第一批佛学典籍，佛教开始在中原传播。白马寺作为佛教传入中国后兴建的第一座寺院，素有中国佛教的"祖庭"和"释源"之美誉，是丝绸之路的重要历史见证。

● **东来传法高僧——摄摩腾、竺法兰**

摄摩腾，中天竺（今印度）人。汉永平十年（公元67年），受蔡愔、秦景等人邀请来到洛阳。住锡白马寺，并在此翻译了《四十二章经》一卷。成为中国最早佛经翻译者。

竺法兰，中天竺（今印度）人。汉永平十年（公元67年），受蔡愔、秦景等人邀请来到洛阳。住锡白马寺，翻译《十地断结》《佛本生》《法海藏》《佛本行》《四十二章经》等五部。死后葬于洛阳白马寺内。

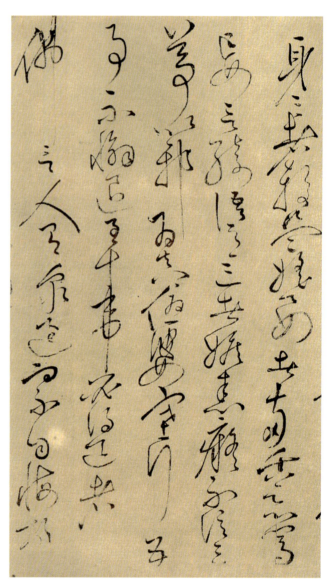

佛经珍本《四十二章经》（局部）

● 西域高僧——安世高、支娄迦谶

安世高，西域安息国的王太子。约在公元 2 世纪来到洛阳，是小乘佛经的首译者。安世高在洛阳译出佛经 39 部，主要是传弘小乘佛教说一切有部之毗昙学和禅定理论。东汉末年，中原战乱，安世高避祸江南，历经沙山、南昌、广州，最后卒于会稽（苏州）。

支娄迦谶，月氏国人，在东汉桓帝末年来到洛阳，于汉灵帝时翻译《道行般若经》《兜沙经》等，是最早将大乘佛教传入中国的西域高僧。译出佛经《道行般若经》《般舟三昧经》《首楞严经》三种，在中国佛教史和思想史上产生了很大的影响。

● 西行求法第一人——朱士行

朱士行（公元 203~282 年），三国时期的高僧，法号"八戒"，祖居颍川（今河南禹州）。嘉平二年（公元 250 年），印度律学沙门昙河迦罗到洛阳译经，在白马寺设戒坛，朱士行首先登坛受戒，成为中国历史上第一位汉族僧人，也是第一位西行取经求法的僧人。公元 260 年，他从雍州（今长安县西北）出发，越过流沙的沙漠到于阗国（今新疆和田一带），得到《大品经》梵本。他就在那里抄写 90 章，60 多万字。公元 282 年，朱士行派弟子弗如檀等，把抄写的经本送回洛阳，自己仍留在于阗，后来在那里去世，享年 79 岁。

三

四方通衢

魏晋南北朝时期

（公元 220~589 年）

  魏晋南北朝时期，丝路贸易与文化交流较两汉进一步扩大。印度佛教先经丝路传入中原内地，由宫廷和上层社会逐渐传布民间，形成空前狂热的佛教崇拜之风。随着北魏鲜卑皇室南迁洛阳，草原丝绸之路延至中原，洛阳成为草原丝绸之路的南方起点，从此中原与北方草原的交流更加频繁。之后草原丝绸之路又与"万里茶道"相连，形成一条贯通南北的商贸大通道。不论是东晋十六国，还是南北朝，都不断有东往西去的使者或商人旅行在丝绸之路上。

（一）魏晋时期的洛阳都会

曹魏扼敦煌，西晋控尼雅。魏晋时期，西域各族使者、商人自由往来于丝路，云集都城洛阳，"天下难得之货，填列阛阓之间。"中西交流已不限于商贸的往来，开始涉及社会的方方面面。

临辟雍碑碑阴（拓片局部）

临辟雍碑（拓片）

西晋咸宁四年（公元 278 年）

高 322、宽 110 厘米

河南偃师市西南太学故址保存

河南博物院藏拓

碑文记载晋武帝三临辟雍和皇太子来此
巡察之事实。碑阴分别刻有太常、散骑
等行政学官和博士、助教、主事、司成、
礼生、弟子、门人、教授等的郡籍姓名，
其中有 4 个西域籍学生，即朱乔尚建、
王迈世光、瑰景大卿、瑰元群凯，说明
当时西域与内地关系密切和往来频繁。

晋归义胡王金印

西晋（公元 265~317 年）

高 2.6、印边长 2.3 厘米

征集

洛阳博物馆藏

归义，即归化、降顺。胡即指当时北方的少数民族匈奴。所指胡王应
当为晋帝所封的居住在凉州的匈奴首领。据文献记载，晋时匈奴归义
之事皆发生在晋武帝时。

"魏率善羌仟长" 印

曹魏（公元 220~265 年）

高 2.5、印边长 2.2 厘米

征集

河南博物院藏

"晋率善氐佰长" 印

西晋（公元 265~317 年）

高 2.5、印边长 2.1 厘米

征集

河南博物院藏

"晋率善羌邑长" 印

西晋（公元 265~317 年）

高 2.5、印边长 2.1 厘米

征集

河南博物院藏

彩绘陶持盾武士俑

西晋（公元 265~317 年）

高 47.8 厘米

洛阳涧西区拖拉机厂出土

洛阳博物馆藏

彩绘陶武士俑

西晋（公元 265~317 年）
高 33.5、长 22、宽 10.5 厘米
洛阳涧西区太原路出土
洛阳博物馆藏

（二）沙漠与草原丝绸之路的交汇

公元 494 年，北魏鲜卑皇室从平城（今山西大同）迁都洛阳，将草原丝绸之路延至中原，洛阳成为沙漠丝绸之路与草原丝绸之路的交汇点，极大地推动了民族大融合和经济社会的全面发展。

鄯乾墓志（拓片）

北魏延昌元年（公元 512 年）
高 57、宽 48 厘米
1931 年洛阳东北后沟出土
原石现藏西安碑林博物馆

鄯乾为鄯善国王子，其父为鄯善国王真达，降魏后封为临泽侯。由墓志可知，当年有一支为数不多的鄯善国王族迁居中原。

魏故伏虜將軍河州刺史臨澤定矦鄯使君墓銘

君諱乹司州河南洛陽洛濱里人也侍中鎮西將軍鄯鄯王寵之孫平西將軍青平涼三州刺史臨澤懷矦視之長子孝以去歲六年歸國自上世君西夏君國初窟以王孫之胄家為負外散騎侍郎入領左右輔國將軍城門挍尉出為伏膚將軍安定內史春秋卌四以永平五年歲次壬辰正月四日薨蒙贈伏膚將軍河州刺史謚曰定其年四月啟為延昌元年八月廿六日卜營正兆於洛北芒而窆焉其辭曰

有袟斯流潛溌瀾京雅天縱昌丰資靡聲世光涼右襄然慕榮豐韓絜源邈彼姬羸惟祖惟考曉運昭機入蕃蕃皇魏趜含雅時錫士分芽游爵嗟厥灼灼章服悠儵車檅雅君齔茝節風稟門矩室交廉藉賓無濫與勿承秘寵禁宇輨莅西服休政巳舉體素欽仁端風雅正清明在彤昭然氷鏡文英武果超光朝令加殊命顯茲華祿高列崇班副此朝屬遠二金垳式昭魏錄如何不淪摧榱碎玉

灰陶男胡俑

北魏（公元 386~534 年）
高 15 厘米
洛阳出土
河南博物院藏

彩绘陶甲骑具装俑

北魏（公元 386~534 年）

高 26.4、长 23、宽 8.5 厘米

洛阳出土

洛阳博物馆藏

青釉武士俑

北魏（公元 386~534 年）

高 58.3 厘米

洛阳出土

洛阳博物馆藏

彩绘陶箭箙武士俑

北魏（公元 386~534 年）

其一高 17.5、其二高 18.3 厘米

洛阳出土

洛阳博物馆藏

彩绘仪仗陶俑群

北魏（公元 386~534 年）

尺寸不等

1965 年洛阳杨机墓出土

洛阳博物馆藏

昆仑奴俑

北魏（公元 386~534 年）

高 9.2 厘米

1965 年洛阳元邵墓出土

洛阳博物馆藏

昆仑奴是我国西北少数民族或南洋、中亚地区黑人的形象，表现了
北朝贵族官僚或富室之家畜养外族家奴的史实。

北魏（公元 386~534 年）
高 31、口径 9.1、底径 10.5 厘米
1990 年偃师南蔡庄北魏墓出土
洛阳博物馆藏

乐舞纹陶扁壶

北魏（公元 386~534 年）

高 13.2、底径 5.8 厘米

洛阳孟津出土

洛阳博物馆藏

黄釉乐舞纹扁壶

北齐武平六年（公元 575 年）
高 20、宽 16 厘米
1971 年安阳县范粹墓出土
河南博物院藏

扁壶形似西域皮囊壶，在壶腹两面，模印着源于西域游牧民族的"胡腾舞"图，墓主人范粹为边城郡边城县人（今河南光山县），官至骠骑大将军、开府仪同三司、凉州刺史。梁州在今天甘肃武威一带，是北齐侨置的州。墓中随葬带有西域风格的器物，说明北齐时期中原与西域的紧密联系。

敦煌壁画"胡旋舞"

嵌蓝宝石金戒指

北魏（公元 386~534 年）

直径 2.2 厘米

洛阳吉利出土

洛阳博物馆藏

戒面镶嵌蓝宝石，上阴刻一双手舞动的小人，
这类戒指产于中亚、西亚或地中海地区，是
通过丝绸之路来到中国的舶来品。

范粹墓志

北齐武平六年（公元 575 年）
高 42、宽 42、厚 10 厘米
1971 年安阳县范粹墓出土
河南博物院藏

（三）佛教的"中原风格"

北魏都洛后，佛教中心也由平城南移洛阳，中原地区再次成为全国的佛教中心。龙门石窟、巩义石窟、鸿庆寺石窟等相继在此时开凿。佛教艺术由云冈的"浑厚沉着"向龙门的"秀骨清像"转变，形成独特的中国化和世俗化的"中原风格"，并影响四周，辐辏八方。同时，中外高僧东来西往，传法取经，丝绸之路成为佛教艺术的传播之路。

● 少林寺与印度高僧

少林寺创建于北魏太和十九年（公元495年），孝文帝元宏为安顿来朝传授小乘佛教的印度僧人跋陀，因此在嵩山少室山建寺。永平元年（公元506年），印度高僧勒拿摩提和菩提流支先后到少林寺开辟译场，在少林寺西台舍利塔设立翻经堂翻译经书。之后，慧光在少林寺弘扬《四分律》等师说。北魏孝昌三年（公元527年），南天竺僧人菩提达摩来到少林寺，他在跋陀开创的基础上，广集信徒，传授禅宗，东魏孝静帝天平三年传法于慧可，从此禅学在少林寺落迹流传。

永宁寺塔复原效果图

● 永宁寺塔

　　永宁寺塔位于北魏时期洛阳城里规模最大的寺院——永宁寺内，始建于公元 516 年，为九层木结构佛塔，高约 140 米，是佛教传入中国后第一个鼎盛时期的重要标志，公元 534 年毁于雷火。1979 年永宁寺塔基遗址经过考古发掘，出土诸多造型生动的泥塑佛像、菩萨、弟子、供养人等。

泥塑佛像

北魏（公元386~534 年）

高 4~5 厘米

永宁寺塔基遗址出土

河南博物院藏

● 龙门石窟

　　龙门石窟开凿于北魏孝文帝年间，之后历经东魏、西魏、北齐、隋、唐、五代、宋等朝代连续大规模营造达400余年之久，南北长达1公里，今存有窟龛2345个，造像10万余尊，碑刻题记2800余品。其中古阳洞和宾阳中洞是其开凿最早的洞窟。

龙门石窟古阳洞

龙门石窟莲花洞

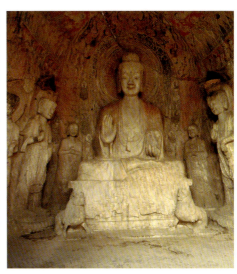

龙门石窟宾阳洞

● 巩县石窟寺

　　巩县石窟寺是继龙门石窟之后，北魏时期的又一座佛教艺术宝库。现有主要洞窟 5 个，千佛龛 1 个，摩崖造像 3 尊及历代造像龛 328 个。总计大小造像 7743 尊，各种碑刻题记 200 余方。其中的帝后礼佛图是国内保存最好的礼佛图。

巩县石窟帝后礼佛图

● 嵩岳寺塔

　　嵩岳寺塔，位于登封县城西北 6 公里太室山南麓嵩岳寺内。建造于北魏永平元年至正光元年（公元 508~520 年）之间，为十二边形密檐式砖塔，由基台、塔身、密檐和塔刹几部分构成，高约 40 米，是中国现存最早的密檐式砖塔。

菩萨像

北魏（公元 386~534 年）

高 37、宽 20、厚 6 厘米

征集

龙门石窟研究院藏

菩萨头像

北魏（公元 386~534 年）

高 19.5、宽 11.6 厘米

征集

龙门石窟研究院藏

赵安香造像

北魏（公元 386~534 年）

高 90、宽 50 厘米

郑州市出土

河南博物院藏

交脚弥勒菩萨造像

北魏（公元 386~534 年）

通高 34.5、宽 19.5、厚 9.2 厘米

1980 年偃师市小湾村出土

洛阳博物馆藏

田延和造像

北魏（公元 386~534 年）

高 96、宽 43.5 厘米

1974 年淇县城关出土

河南博物院藏

高海亮造像碑

北齐天保十年（公元 559 年）
高 108、宽 57、厚 8 厘米
襄城县孙庄出土
河南博物院藏

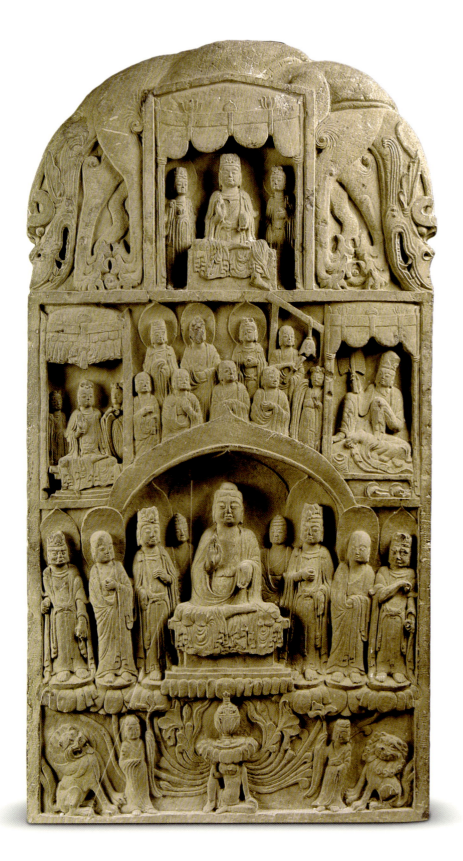

刘绍安造像碑

北齐天保十年（公元 559 年）
通高 59、宽 25、厚 9 厘米
1964 年 7 月新郑市小乔乡出土
河南博物院藏

四

八方来朝

隋唐时期

（公元 581~907 年）

隋唐时期，洛阳作为大唐帝国的东都，一跃成为国际大都市，各国商旅相望于道，丝路臻于鼎盛。大运河的开通，成为中原地区连接"海上丝绸之路"的重要水道，洛阳也成为连接陆上和海上丝绸之路的重要节点城市。从东都洛阳出发，向东可通朝鲜、日本以及南洋诸国，向西可达西亚地区。此时的洛阳"八方来朝"，在"丝绸之路"上具有至关重要的地位。

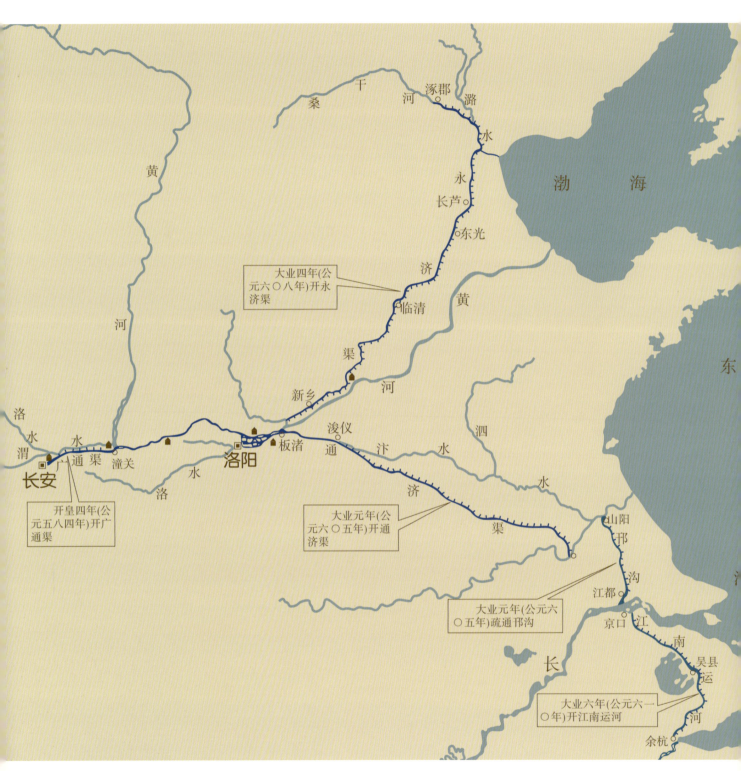

隋唐大运河示意图

● 含嘉仓遗址

位于今洛阳老城区的北侧，是隋、唐时期大型官仓之一。东西宽约 600 米，南北长约 700 米，总面积 42 万平方米。1971 年开始对仓城遗址进行了发掘。在仓城内密集且有秩序地排列着 400 多座东西成行缸式地下粮窖，可储粮 580 多万石，占当时全国主要粮食储粮总数的一半。仓窖有大小之别，大窖口径为 18.5 米，小窖口径约 8 米，最深的距地表 12 米。根据遗址中所出铭砖记载，大窖储粮一万数千石，小窖可储千石余。粮入窖时，要将储粮的时间、数量、品种、来源、仓窖位置及授领粮食的官员姓名，都要刻于砖上，放置窖中。含嘉仓城设有管理机构，且驻有军队，守护仓城。

"含嘉仓" 铭砖

黎阳仓遗址发掘现场

● 黎阳仓遗址

黎阳仓是隋唐时期（公元 6~9 世纪）的重要官仓之一，是大运河沿线的大型转运漕仓之一，位于黄河与永济渠之间。黎阳仓始建于隋，沿用至北宋。其中地下储粮方式的仓窖始建于隋代废弃于唐代中期，是隋唐时期国家粮食转运基地，也是隋唐时期平定东北边境的后方物资供应基地，具有重要的战略地位。晚期的地面大型仓库建筑始建于北宋初期，废弃于北宋晚期，同样是国家物资集存基地，也是北宋用兵北方边境的后方物资供给基地。

《历代帝王图》中的隋炀帝画像

● 隋炀帝

　　洛阳是隋唐帝国的东都，丝绸之路在这一时期达到了鼎盛。隋大业五年（公元 609 年）正月，炀帝从洛阳出发西巡河右，大开屯田，西域诸国先后来东都朝贡，炀帝在洛阳建国门外设西戎馆专门接待西域诸国贡使和商贾。唐初，丝绸之路因突厥势力强盛而一度受阻，直至公元 7 世纪中叶，唐军攻灭西突厥后，丝绸之路交通才再度繁荣。

● 隋唐洛阳城

　　隋唐洛阳城始建于大业元年（公元605年），毁于南宋绍兴十年（公元1140年），曾是隋、唐、后梁、后唐、后晋以及北宋的都城，主要由宫城、皇城、廓城、东城、含嘉仓城、上阳宫、西苑、离宫、里坊区等组成。隋炀帝在定鼎门外置"四方馆"，以"待四方使者，并掌方国及互市事"。唐代，外事机构仍称四方馆。里坊区内有著名的"三市"，即北市（隋通远市）、南市（隋丰都市）、西市（隋大同市），特别是南市，是唐代规模最大的商品集散地，各种商品从这里发送到全国和西域各地，是丝绸之路繁荣发展的一个重要历史见证。

隋唐洛阳城平面图

● 隋唐两京故道

　　两京故道在隋唐时期的东西方文化交流中扮演了重要的角色。从洛阳出发的沙漠丝绸之路利用原有的洛阳至长安的黄河漕运水道、崤函故道、秦汉驰道、秦楚孔道、隋唐驿路等，水路、陆路和关隘等管理设施构成了一个完整的交通体系。隋唐两代诸帝，通过两京故道往返于长安和洛阳。

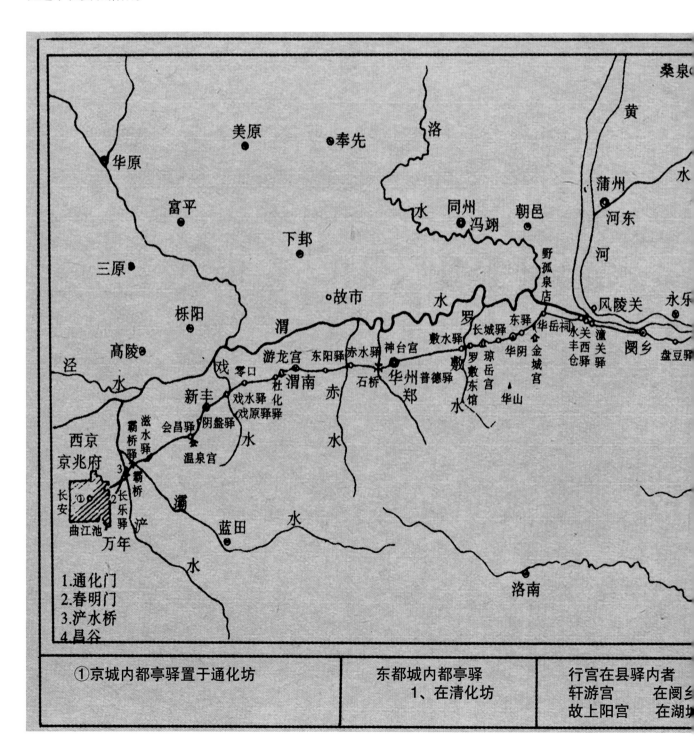

①京城内都亭驿置于通化坊	东都城内都亭驿 1、在清化坊	行宫在县驿内者 轩游宫　　在阌乡 故上阳宫　在湖城

隋唐两京故道示意图

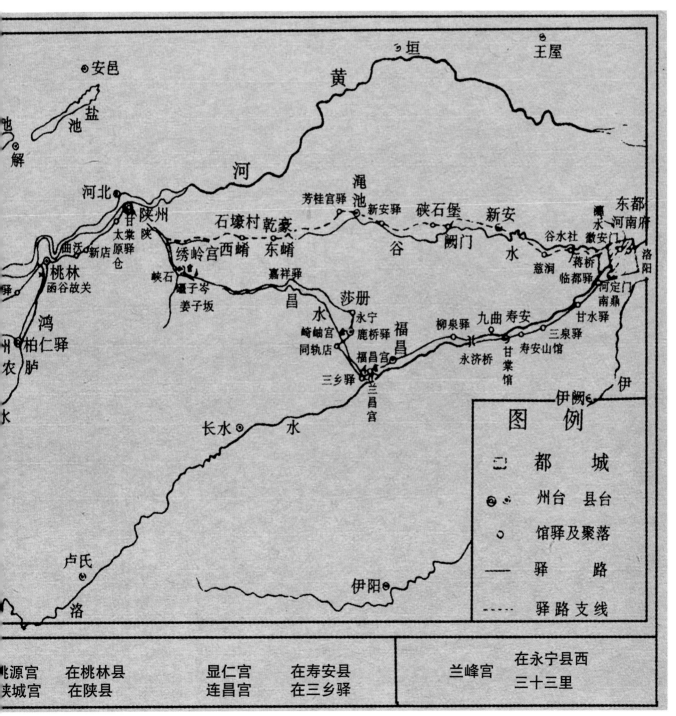

| 桃源宫 | 在桃林县 | 显仁宫 | 在寿安县 | 兰峰宫 | 在永宁县西 |
| 陕城宫 | 在陕县 | 连昌宫 | 在三乡驿 | | 三十三里 |

定鼎门遗址门前道路车辙、行人足印和骆驼蹄印痕迹

● 洛阳定鼎门遗址

　　定鼎门遗址位于隋唐洛阳城遗址南区，遗址外侧保留大量人的脚印、骆驼蹄印和车辙印迹。这些痕迹再现了1000多年前定鼎门外车水马龙、人声鼎沸的热闹场景，其中骆驼蹄印的发现表明，隋唐洛阳城与西域之间存在频繁的商贸和文化交流。

洛阳定鼎门复原效果图

洛阳唐代定鼎门遗址全景图

（一）粟特人与昭武九姓

　　"粟特人，在中国史籍中又被称为昭武九姓。他们属于伊朗系统的中亚古族；操印欧语系伊朗语族中的东伊朗语，即粟特语，使用阿拉美文的一种变体，即粟特文。粟特人的本土位于今乌兹别克斯坦，还有部分在塔吉克斯坦和吉尔吉斯斯坦。在粟特地区的大大小小的绿洲上，分布着康国、安国、火寻国、曹国、戊地国、米国、何国、史国、石国等九个小国家，不同时期，或有分合，中国史籍称他们为"昭武九姓"。粟特人以善于经商而闻名，洛阳出土的不少昭武九姓的墓志，记载他们的事迹。

进入中原的粟特人

● 撒马尔罕古城的中华门关于中国的壁画

　　撒马尔罕位于乌兹别克斯坦境内，为康国旧地，是丝绸之路上的重镇。据《大唐西域记》的记载，古城的东门叫中华门，朝着东方中国的方向。几千年前，这座城门迎接着络绎不绝的丝路驼队，以及长途跋涉而来的中国使团和商队。在古城内的宫廷遗址上，学者们发现了一批彩色壁画，一位盛装的大唐使者，头戴官帽、腰佩长刀、手中托着丝绸，一如中国的《职贡图》。穿着华服的仕女泛舟湖上，身穿各色绫罗绸缎，体现出当时的中亚宫廷中弥漫着浓浓的华夏之风。

康磨伽墓志（拓片）

唐永淳元年（公元 682 年）

高 43、宽 45 厘米

洛阳出土

原石开封市博物馆藏

康磨伽，其先发源于西海。康姓为中国古代"昭武九姓"之一，原生活在中亚粟特人居住地区。洛阳出土的西域诸多少数民族的墓志，其中有相当数量的粟特人墓志。

安菩墓志（拓片）

唐景龙三年（公元709年）

高45、宽45厘米

1981年4月洛阳龙门东山安菩墓出土

原石洛阳第二文物工作队藏

安菩夫妇合葬墓位于龙门东山，墓主人安菩祖籍中亚安国（今乌兹别克斯坦），成年时随其父归唐，后被封为五品京官和定远将军，生前定居于东都洛阳的崇善坊。安菩墓中出土有东罗马金币、三彩载丝骆驼、三彩胡人俑、三彩马、三彩骆驼等，许多俑具有胡人特征，直接反映当时洛阳和丝绸之路贸易十分繁荣。

唐代（公元 618～907 年）
高 91.8、长 39、宽 31.5 厘米
1983 年洛阳邙山唐墓出土
洛阳博物馆藏

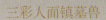

三彩人面镇墓兽

唐代（公元 618～907 年）
高 91.8、长 39、宽 31.5 厘米
1983 年洛阳邙山唐墓出土
洛阳博物馆藏

三彩兽面镇墓兽

唐代（公元 618~907 年）

高 84.5、长 33、宽 25 厘米

洛阳唐墓出土

洛阳博物馆藏洛阳博物馆藏

三彩天王俑

唐代（公元 618~907 年）

高约 68 厘米

洛阳唐墓出土

河南博物院藏

三彩天王俑

唐代（公元 618~907 年）

高约 60 厘米

洛阳唐墓出土

河南博物院藏

（二）丝路贸易

经过隋唐中央政府积极建设和对外开放，丝绸之路畅通繁荣。胡人商队沿丝路辗转往来，足迹遍布大江南北。"伊吾之右，波斯以东，商旅相继，职贡不绝"，极大丰富了唐人的文化生活。民族融合对多元化社会结构和多民族人口构成影响深远。

● 胡人俑

胡人在唐代主要用来称呼西方人，其中尤以粟特人居多。从北朝到隋唐时期，粟特人几乎垄断了陆上丝绸之路上的贸易。作为丝绸之路上的商业民族，粟特人把东西方物质文化中的精萃，转运到相互需要的一方。此外，能歌善舞的粟特人，也深深影响着唐朝的社会生活，引导着时代的风尚，成为繁荣昌盛的大唐文化的一个形象标志。

黄绿釉执壶男胡俑

隋代（公元 581~618 年）
高 28.5 厘米
1981 年洛阳郊区采集
洛阳博物馆藏

白陶胡俑

隋开皇十五年（公元 595 年）

高 15 厘米

1959 年安阳市张盛墓出土

河南博物院藏

彩绘侏儒男俑
唐代（公元 618~907 年）
高 13、长 8、宽 5 厘米
1972 年龙门地质五队办公楼出土
洛阳博物馆藏

陶胡俑

唐代（公元 618~907 年）

高 33、长 14、宽 12.5 厘米

2009 年洛阳道北出土

洛阳博物馆藏

彩绘胡人俑

唐代（公元 618~907 年）

高 26.5、长 8、宽 6 厘米

洛阳唐墓出土

洛阳博物馆藏

彩绘陶胡俑

唐代（公元 618~907 年）
高 29、长 7.5、宽 7.2 厘米
洛阳关林镇出土
洛阳博物馆藏

彩绘陶胡俑

唐代（公元 618~907 年）

高 34 厘米

1972 年洛阳关林唐墓出土

洛阳博物馆藏

彩绘陶胡人俑

唐代（公元 618~907 年）
高 28.5、长 7.2、宽 5.5 厘米
洛阳关林镇出土
洛阳博物馆藏

黄釉胡俑

唐代（公元 618~907 年）

高 27、长 8、宽 5.8 厘米

1972 年洛阳涧西唐墓出土

洛阳博物馆藏

绿釉牵引胡俑

唐代（公元 618~907 年）

高 30 厘米

征集

洛阳博物馆藏

三彩牵引胡俑

唐代（公元 618~907 年）

高 62、宽 22、厚 20 厘米

1981 年洛阳安菩夫妇墓出土

洛阳博物馆藏

三彩牵引胡俑

唐代（公元 618~907 年）
高 49 厘米
1972 年洛阳市郊区出土
洛阳博物馆藏

绘彩牵马胡俑

唐代（公元 618~907 年）

高 46.5 厘米

洛阳市出土

河南博物院藏

三彩风帽男立俑

唐代（公元 618~907 年）

高 18.6 厘米

洛阳市出土

洛阳博物馆藏

三彩胡人俑
唐代（公元 618~907 年）
高 58.5 厘米
旧藏
河南博物院藏

绘彩幞头胡俑

唐代（公元 618~907 年）

高 35 厘米

巩义市出土

河南博物院藏

马和骆驼是唐朝俑像中的重要题材。唐代墓葬出土的马俑众多，反映出唐人对马的喜爱，从其体型看大多是来自西域的良驹；"沙漠之舟"骆驼是丝绸之路上的重要交通工具，是丝绸之路的象征。

彩绘陶舞马
唐代（公元 618~907 年）
高 42.8 厘米
偃师县政府招待所出土
洛阳博物馆藏

三彩牵马俑及马

唐代（公元 618~907 年）

俑高 60 厘米，马高 78、长 84 厘米

洛阳市出土

河南博物院藏

绘彩胡人牵马俑及马

唐代（公元 618~907 年）

高约 50 厘米

征集

河南博物院藏

三彩马

唐代（公元 618~907 年）

1983 年洛阳邙山墓葬出土

高 79 厘米

洛阳博物馆藏

三彩红釉马
唐代（公元 618~907 年）
高 73.1 厘米
1972 年洛阳市安菩墓出土
洛阳博物馆藏

彩绘载丝骆驼

唐代（公元 618~907 年）
高 65、长 50 厘米
洛阳出土
洛阳博物馆藏

丝绸的加工是洛阳的一项重要手工行业，洛阳也
是国家丝绸的加工集散地。作为东都洛阳，当时
专门设有掌管纺织练染业的机构少府监和织染署。
在东都官锦坊拥有众多的能工巧匠。同时，洛阳
本地也是蚕丝的重要出产地。所以唐俑中多有关
于贩丝驼队与商人的塑造。

绘彩胡人牵驼俑及驼（2件）

唐代（公元 618~907 年）

高约 50 厘米

征集

河南博物院藏

三彩骆驼

唐代（公元 618~907 年）

高 52 厘米

1971 年洛阳关林唐墓出土

洛阳博物馆藏

黄釉陶骆驼
唐代（公元 618~907 年）
长 36、高 41 厘米
洛阳市出土
河南博物院藏

三彩载丝骆驼

唐代（公元 618~907 年）
高 81.2、长 69.7、厚 28.4 厘米
1963 年洛阳关林唐墓出土
洛阳博物馆藏

乘人三彩骆驼

唐代（公元 618~907 年）

高 38、长 31 厘米

1965 年洛阳市关林 59 号墓出土

洛阳博物馆藏

胡人牵马出行图壁画

唐代神龙二年（公元 706 年）
高 210、宽 193 厘米
洛阳唐氏墓出土
洛阳古代艺术博物馆藏

2005 年在河南省洛阳市洛南新区翠云路发现一座砖室墓，由墓道、过洞、天井、壁龛、甬道、墓室组成，长35.1 米。墓室平面呈方形，长、宽均为 3.73 米，墓顶坍塌。在墓道、过洞、天井、甬道、墓室内均绘有壁画。这幅胡人牵驼壁画，位于墓道西壁。由墓志可知，该墓主为安国相王孺人唐氏之墓，安国相王是唐睿宗李旦在705~710 年间当王时的封爵。

● 金银币

　　唐代丝路贸易繁荣，胡商云集关内外，中外货币流动频繁，促进了商品经济和对外贸易的发展。洛阳出土的外国货币表明，当时的洛阳已成为名符其实的国际大都市。

中国发现波斯银币地点图

波斯萨珊王朝银币
唐代（公元 618~907 年）
1955 年洛阳市老城北邙山 30 号唐墓出土
洛阳博物馆藏

波斯银币

唐代（公元 618~907 年）
直径 2.8 厘米
洛阳出土
河南博物院藏

罗马金币

唐代（公元 618~907 年）
直径 2.2 厘米
1981 年洛阳市龙门东山安菩墓出土
洛阳博物馆藏

正面为一头戴王冠，留长须的半身男装像，两侧有十字架，左边缘处有铭文"FOCAS"。背面是双翼胜利女神像，左边缘处有铭文"CTOPIA"。为东罗马皇帝福克斯的铸币，其铸造年代为公元 602~610 年。它是丝绸之路最好的见证。

洛阳出土的丝绸之路外国钱币一览表

序号	名称	时代	出土时间	出土地点	尺寸	重量	备注
1	阿纳斯塔修斯一世金币	491~518 年	不详	洛阳北郊马坡村	径 1.68 厘米，厚 0.13 厘米	2.7 克	1 枚
2	查士丁尼一世金币	527~565 年	不详	洛阳市郊	径 2.09 厘米，厚 0.1 厘米	4.2 克	1 枚
3	福克斯金币	603~610 年	1981 年 4 月	洛阳南郊龙门东山唐代安菩夫妇墓	径 2.2 厘米	4.3 克	1 枚
4	赫拉克留斯金币	610~641 年	不详	洛阳市郊	径 2.3 厘米，厚 0.07 厘米	3.2 克	1 枚
5	波斯萨珊朝卑路斯时期银币	457~484 年	1955 年 5 月	洛阳老城区北郊邙山脚下的岳家村唐墓中出土	径 2.7~2.8 厘米	3.7~4 克	16 枚
6	波斯萨珊朝卡瓦德一世银币	499~531 年	1955 年 5 月	洛阳老城区北郊岳家村唐墓中出土	最大径 2.7 厘米	3.85 克	1 枚
7	波斯萨珊朝卑路斯时期银币	457~484 年	1991 年 4 月	洛阳伊川县水寨镇司马沟村	最大径 2.53~2.94 厘米	3.55~4.1 克	314 枚，窖藏
8	波斯萨珊朝卡瓦德一世银币	499~531 年	1991 年 4 月	洛阳伊川县水寨镇司马沟村	最大径 2.81 厘米	4 克	1 枚，窖藏
9	波斯萨珊朝卑路斯时期银币	457~484 年	1994 年 5 月	洛阳老城邙山南麓一砖厂	不详	不详	残，窖藏
10	波斯萨珊朝库思老二世银币	590~628 年	1990 年 7 月	洛阳东郊马沟村南唐墓出土	径 3 厘米	3.45 克	1 枚
11	尼泊尔银币	16~18 世纪	1998 年	洛阳市北 40 公里的黄河小浪底水利枢纽工程南岸唐墓中出土	最大径 2.54 厘米，厚 0.14 厘米	4.9 克	1 枚
12	高昌吉利铜钱	499~640 年	1992 年	洛阳东郊金村附近	径 2.61 厘米，穿宽 0.55 厘米，郭宽 0.3 厘米	10.1 克	1 枚
13	突骑施铜钱	718~739 年	1993 年	洛阳东郊金村附近	径 2.4 厘米，穿宽 0.75 厘米，厚 0.18 厘米	5 克	1 枚

（三）胡风浸润

　　有唐一代，尤其是盛唐时期，胡风盛行。表现在服饰上，着胡服，吃胡饼，成为时尚。女性服饰、发饰、面饰造型多样，融合多种外来元素，华丽夸张，美艳绝伦。受西域文化的影响，唐代的器物大量吸收了粟特、波斯、萨珊等西亚和中亚器物的工艺、造型和纹饰，使得唐代的器物呈现出了浓郁的异域色彩与前所未有的多样性。

白陶女俑

唐代（公元 618~907 年）

高 34 厘米

郑州巩义出土

河南博物院藏

彩绘"春梅"陶女俑

唐代（公元 618~907 年）

高 24.5 厘米

郑州巩义出土

河南博物院藏

绘彩男装女俑

唐代（公元 618~907 年）

高 33.4 厘米

郑州巩义出土

河南博物院藏

绘彩男装女俑

唐代（公元 618~907 年）

高 33 厘米

郑州巩义出土

河南博物院藏

白陶男装女俑

唐代（公元 618~907 年）

高 30.4 厘米

郑州巩义出土

河南博物院藏

绘彩提包女俑

唐代（公元 618~907 年）

高 21 厘米

郑州市出土

河南博物院藏

绘彩红陶女俑

唐代（公元 618~907 年）

高 17 厘米

郑州市出土

河南博物院藏

红釉陶女俑

唐代（公元 618~907 年）
高 30.6 厘米
洛阳市出土
河南博物院藏

彩绘陶骑马女俑

唐代（公元 618~907 年）

通高 26 厘米

征集

河南博物院藏

唐代（公元 618~907 年）

高 26、宽 10.4、厚 10.6 厘米

1964 年洛阳市瀍河区北窑庞家沟出土

洛阳博物馆藏

三彩女坐俑

唐代（公元 618~907 年）

高 26、宽 10.4、厚 10.6 厘米

1964 年洛阳市瀍河区北窑庞家沟出土

洛阳博物馆藏

三彩鹦鹉髻女俑

唐代（公元 618~907 年）
高 33、宽 12、厚 10 厘米
1972 年洛阳市涧西区谷水唐墓出土
洛阳博物馆藏

三彩女立俑

唐代（公元 618~907 年）

高 45 厘米

1997 年洛阳机车工厂出土

洛阳博物馆藏

三彩胡装女俑

唐代（公元 618~907 年）
高 33 厘米
1987 年洛阳市铁道部十五局出土
洛阳博物馆藏

● 敦煌壁画：都督夫人礼佛图

　　都督夫人礼佛图中的三位主要人物，皆遍身绮罗、满头珠翠，为豪门贵族眷属。九身附属人物，均为奴婢。在唐代，宫女奴婢着男装者，多戴幞头，这在唐人《虢国夫人游春图》《纨扇仕女图》《送子天王图》以及永泰公主墓壁画中均可见到。这种"束装似男儿"的装扮，正是天宝年间兴起的奴婢的时装。

青釉瓷环形鸡首壶

隋代（公元 581~618 年）

高 35 厘米

新乡市出土

河南博物院藏

三彩鹰首壶

唐代（公元 618~907 年）
高 32.5 厘米
1965 年河南省洛阳市东郊塔湾村出土
河南博物院藏

开放的唐代以追求新奇为时尚，很多奇异优
美的器物成为人们摹仿的对象。此壶两侧图
案生动，釉彩匀润鲜亮，其奇特造型系模仿
波斯金银器而来，是唐代东西方文化交流的
真实反映。体现了唐朝对外来文化广采博收
的自信与胸襟。

三彩兽头壶

唐代（公元 618~907 年）

高 30 厘米

1977 年洛阳邙山出土

洛阳博物馆藏

此器是仿波斯铜壶的器形制作而成，为唐代洛阳与西
域文化交流的见证。

三彩杯

唐代（公元 618~907 年）
口径 19、底径 13 厘米
洛阳市郊区苗湾出土
洛阳博物馆藏

三彩牛角形孔雀杯

唐代（公元 618~907 年）
高 7.8、长 14 厘米
1976 年郑州市后庄王村出土
河南博物院藏

其造型仿自西方的"来通杯"，粟特人在东西方的商贸与文化往来中发挥重要作用。而随着他们的脚步，早期盛行于西亚的来通杯也得以传入中国。

三彩狮子狗

唐代（公元 618~907 年）
高 7 厘米
洛阳出土
洛阳博物馆藏

三彩双龙尊

唐代（公元 618 年~907 年）
高 36.2 厘米
洛阳市出土
河南博物院藏

三彩贴花三足炉

唐代（公元 618~907 年）
高 20、腹径 23 厘米
洛阳出土
洛阳博物馆藏

三彩杯

唐代（公元 618~907 年）

高 5.8、底径 3.5 厘米

征集

洛阳博物馆藏

250

三彩驯兽纹扁壶

唐代（公元 618~907 年）

高 16.5 厘米

洛阳市采集

洛阳博物馆藏

三彩荷叶纹三足盘

唐代（公元 618~907 年）

直径 27、高 7 厘米

洛阳市出土

洛阳博物馆藏

三彩贴花小柜

唐代（公元 618~907 年）

高 17.2、长 20、宽 16.6 厘米

洛阳市出土

河南博物院藏

三彩牡丹纹枕
唐代（公元 618~907 年）
高 12、长 40、宽 19 厘米
1955 年洛阳出土
洛阳博物馆藏

三彩浮雕卧鹿纹枕

唐代（公元 618~907 年）

高 26、顶长 36、底长 25、宽 15 厘米

洛阳市瀍河区出土

洛阳博物馆藏

白釉瓷仿革壶

唐代（公元 618~907 年）

高 18、足径 8 厘米

洛阳市出土

河南博物院藏

越窑青釉瓷四系刻花背壶

唐代（公元 618~907 年）
高 21、足径 9.2 厘米
三门峡市出土
河南博物院藏

越窑瓜棱执壶

唐代（公元 618~907 年）
高 24.5、口径 8.5、底径 7.2 厘米
三门峡市出土
河南博物院藏

海兽葡萄镜

唐代（公元 618~907 年）

直径 24.6 厘米

洛阳市出土

河南博物院藏

骑马狩猎纹铜镜

唐代（公元 618~907 年）

直径 28.5 厘米

扶沟县出土

河南博物院藏

八棱高脚银杯

唐代（公元 618~907 年）

高 3.5、口径 5.9、底径 3.1 厘米

宜阳县出土

洛阳博物院藏

八棱高足银杯

唐代（公元 618~907 年）

高 3.5、口径 5.9 厘米

征集

河南博物院藏

银錾花鱼纹花口盏

唐代（公元 618~907 年）

口长 14.7、口宽 10 厘米

三门峡市出土

河南博物院藏

錾花蚌形银盒
唐代（公元 618~907 年）
长 6.5、宽 5.2 厘米
征集
河南博物院藏

錾花银瓶
唐代（公元 618~907 年）
通高 12 厘米
征集
河南博物院藏

鹤首银支架

唐代（公元 618~907 年）

高 12.8、长 19.5 厘米

1991 年伊川县鸦岭乡杜沟村唐齐国太夫人墓出土

洛阳博物馆藏

长柄银铛

唐代（公元 618~907 年）

长 34.5、通高 5.3、口径 9.8 厘米

洛阳市出土

洛阳博物馆藏

鎏金银盖杯及托

唐代（公元 618~907 年）

碗长 13.9、盖托长 20.2 厘米

1991 年伊川县鸦岭乡杜沟唐齐国太夫人墓出土

洛阳博物馆藏

（四）盛世佛光

唐代采取宗教宽容政策，中国传统两大宗教——佛教和道教都有较大发展。高僧玄奘远赴天竺取经657部，佛教经典的大量翻译以及中国僧人自身思想体系的逐渐成熟使得中国佛教在此时期迎来空前的发展，中国佛教的主要宗派大多在此时期形成或成熟。其他宗教如伊斯兰教、景教和祆教也随着国际交流传入中国。东都洛阳成为佛教盛地。皇后武则天赞助脂粉钱雕造而成的龙门石窟奉先寺，将佛教艺术推向了中国雕塑艺术的顶峰。

● 玄奘取经

玄奘，唐代洛州缑氏人（今洛阳偃师人），13岁在洛阳净土寺出家，先后在长安、成都拜师游学。贞观三年（公元629年）沿丝绸之路赴印度取经，经历17年，贞观十九年（公元645年）回国，带回了大批佛经，到洛阳拜见唐太宗，还撰成了《大唐西域记》一书，记述了西域138个国家的山川、地理、古迹、物产、传说等，成为研究中亚、南亚地区历史的重要文献。

玄奘取经路线图

● 龙门石窟奉先寺

　　龙门石窟奉先寺位于洛阳龙门西山南部。唐咸亨三年（公元672年）开凿，至上元二年（公元675年）竣工。奉先寺是龙门石窟规模最大、艺术最为精湛的一组摩崖型群雕。南北宽约34米、东西深约39米。龛雕一佛、二弟子、二菩萨、二天王及力士等11尊大像。主尊卢舍那佛高17.14米，是龙门石窟中规模最大的佛像，也是唐代雕塑艺术的代表作。

铜净瓶

唐代（公元 618~907 年）
1983 年洛阳龙门神会墓出土
通高 33.2、底径 6.8 厘米
洛阳博物馆藏

漆衣陶钵

唐代（公元 618~907 年）

高 11、口径 22.3 厘米

1983 年洛阳龙门神会墓出土

洛阳博物馆藏

神会（公元 684 年~758 年），禅宗大师，在洛阳
弘法 15 年，归葬龙门西山宝应寺。1983 年在龙门
西山神会墓被发掘，墓中出土了铜、银、陶、铁等
类遗物，塔基的发现确定了唐宝应寺塔的位置，并
为进一步探寻唐代龙门十寺的具体位置提供了一个
确凿的座标。

白釉瓷净瓶

唐代（公元 618~907 年）

高 25 厘米

征集

河南博物院藏

蓝釉陶净瓶

唐代（公元 618~907 年）

高 25 厘米

洛阳市出土

河南博物院藏

绿釉陶塔式罐

唐代（公元 618~907 年）

高 48 厘米

征集

河南博物院藏

阿弥陀佛造像

唐代（公元 618~907 年）

通高 110 厘米

巩义市征集

河南博物院藏

石菩萨头像

唐代（公元 618~907 年）

高 42 厘米

荥阳大海寺遗址出土

河南博物院藏

石雕力士头像
唐代（公元 618~907 年）
高 33.5、宽 15 厘米
征集
龙门石窟研究院藏

五

丝路展延

宋元明清时期
（公元 960~1911 年）

唐代之后，西北地区地方割据严重，陆上丝绸之路渐衰，但仍作为中原和西域之间的政治、经济联系的通道，维系着各民族关系。随着海上丝绸之路日益繁盛，位于大运河边的宋朝都城开封代替洛阳而成为海上丝绸之路的目的地和出发地，中原地区的丝绸和瓷器通过水路运销世界各地，遂开丝路在商业、艺术和知识上沟通东西方的新纪元。

明清时期，中原的对外贸易更加繁荣，"万里茶道"纵贯南北，是中俄间一条重要的商道。河南境内保存的众多会馆商号，见证了明清时期南北商道的昌盛与繁荣。洛阳作为贯穿东西南北两条商业大通道的轴心城市，便利的水陆交通，成就了洛阳四方通衢，汇聚天下的都市地位。

● 海上丝绸之路

　　从宋朝开始，东南沿海的港口成为新的贸易中心。中原的对外交往除利用汴河、江南运河、浙东运河沟通沿海港口与日本、高丽交往，继续开通南下广州与南海诸国及阿拉伯国家的交往外，还有走广济河入济水东去登州与高丽交往的"京东路"和由汴水进入黄河，转行渭水登岸后，由陆路转走通往西方的陆上"丝绸之路"。中原地区成为连接陆上丝绸之路与海上丝绸之路以及草原丝绸之路的核心区域。

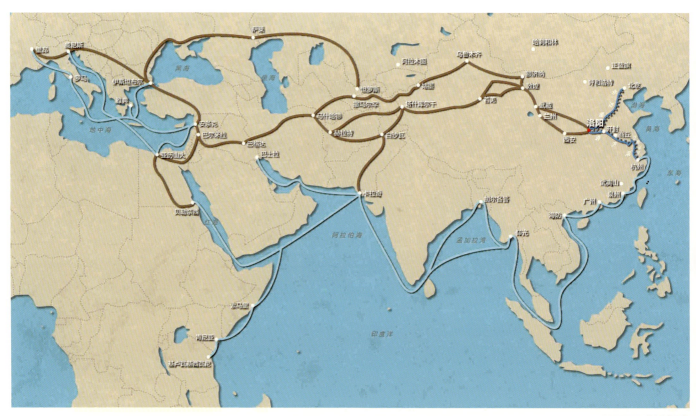

海上丝绸之路示意图

● 宋陵石刻客使像

河南巩县宋陵石刻中设置"客使",亦曰选宝官、使臣、大使、使节、蕃吏、外国人等。这些客使大部分是外国的使臣,也有少部分是我国西北边疆地区少数民族割据政权的代表。他们设置在宋陵的神道两侧,位居宋朝文臣和武臣后的第三位。

宋陵神道

宋陵石刻客使头像

宋代（公元 960~1279 年）

高约 75 厘米

原存巩义宋陵

巩义市博物馆藏

雕版印刷经卷

五代（公元 907~960 年）
长 28、宽 20 厘米
洛阳史家湾砖厂出土
洛阳博物馆藏

现在最早的印刷品实物是唐代咸通九年的金刚经长卷，表明了中国作为印刷术发源地的历史地位。932 年，后唐朝廷下诏将长安郑覃所刻石经运至洛阳，由国子监完成刻校工作，采用雕版印刷的新技术，完成了我国历史上第一次由政府主持的大规模刻印书籍的活动，为宋代活字印刷术的发展奠定了基础。

（一）瓷器贸易

宋代向海外输出的商品，除传统的丝织品外，主要是瓷器。北宋的制瓷业，在生产技术、花色品种等方面都达到了空前的水平。五大名窑的产品，由于做工精细、式样典雅，是海外诸国争相购买的商品。由于瓷器是易碎之物，用陆路运输远不及水运安全便利，因此，大运河为中原瓷器由产地直接装船运往日本、高丽、南亚、波斯及非洲、欧洲提供了最为便捷可靠的条件。

耀州窑瓷枕

北宋（公元 960~1127 年）

高 12、长 23、宽 17.3 厘米

征集

洛阳博物馆藏

耀州窑瓷尊

北宋（公元 960~1127 年）
高 11.4、口径 13.5 厘米
征集
洛阳博物馆藏

耀州窑瓷碗

北宋（公元 960~1127 年）

高 5.4、口径 17.6 厘米

征集

洛阳博物馆藏

青釉印花四鱼纹瓷碗
北宋（公元 960~1127 年）
高 3.5、口径 9.1 厘米
1978 年洛阳钢厂出土
洛阳博物馆藏

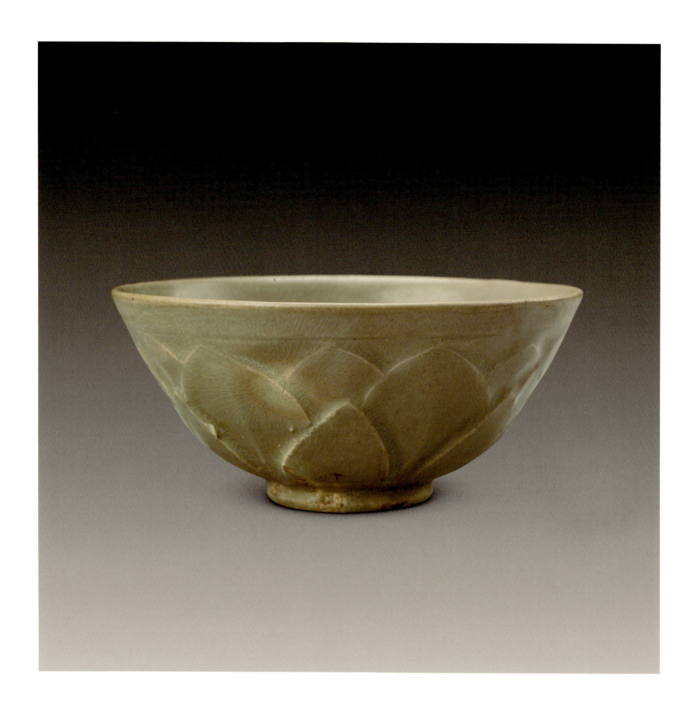

青釉刻花莲瓣纹瓷碗

北宋（公元 960~1127 年）

高 6.8、口径 15.2 厘米

征集

洛阳博物馆藏

龙泉窑贴花龙凤纹瓶

北宋（公元 960~1127 年）

高 28、底径 6 厘米

征集

河南博物院藏

临汝窑碗

北宋（公元 960~1127 年）
高 10、口径 21 厘米
征集
河南博物院藏

钧窑盖缸

北宋（公元 960~1127 年）
高 25、口径 20 厘米
征集
河南博物院藏

钧窑玫瑰紫斑碗

北宋（公元 960~1127 年）

高 15、口径 22 厘米

征集

河南博物院藏

白釉黑花瓷枕

金代（公元 1115~1234 年）

高 11.5、长 22.2、宽 18.5 厘米

征集

河南博物院藏

● 明清瓷器

　　大航海开辟了中国与欧洲直接交往的通道，丝绸之路上的贸易双方及其商贸方式都发生了很多的变化。瓷器贸易在这方面表现的最为明显——它不仅仅是一种经济行为，也是文化交流的一种特殊方式。瓷器、丝绸、茶叶是海上丝绸之路上常见的中国外销商品。与宋元时代中国瓷器主要销往东南亚、西亚、北非不同，明清时代海上丝路，远销欧洲的中国瓷器，构成了一道亮丽的风景线。

青花人物高足碗

明嘉靖（公元 1522~1566 年）
高 10.7、口径 16.50 厘米
征集
河南博物院藏

青花八骏碗

明嘉靖（公元 1522~1566 年）

高 5.9、足径 5.5、口径 16.8 厘米

征集

河南博物院藏

青花梵文碗

明万历（公元 1573~1619 年）

高 7.6、足径 7.3、口径 17.6 厘米

征集

河南博物院藏

青花莲瓣洗

明万历（公元 1573~1619 年）
高 5.5、口径 19、底径 5.5 厘米
征集
河南博物院藏

青花人物梅瓶

明代（公元 1368~1644 年）

高 30.3、底径 10.2、口径 5.4 厘米

征集

河南博物院藏

青花狮穿花纹碗

明代（公元 1368~1644 年）

高 9.4、口径 21.2 厘米

万历号沉船出水，在嘉德竞拍所得

河南博物院藏

青花花鸟纹盘

明代（公元 1368~1644 年）
高 3.5、口径 30.7 厘米
征集
河南博物院藏

青花花鸟纹瓷盘

明代（公元 1368~1644 年）

高 5、口径 31.5、足径 17.9 厘米

万历号沉船出水，在嘉德竞拍所得

河南博物院藏

青花花鸟纹瓷盘

明代（公元 1368~1644 年）

高 5.5、口径 28.5、足径 15.7 厘米

万历号沉船出水，在嘉德竞拍所得

河南博物院藏

青花花鸟纹瓷盘

明代（公元 1368~1644 年）

高 3.5、口径 20.3、足径 10 厘米

万历号沉船出水，在嘉德竞拍所得

河南博物院藏

青花花鸟纹瓷盘

明代（公元 1368~1644 年）

高 3.5、口径 20.7、足径 10.8 厘米

万历号沉船出水，在嘉德竞拍所得

河南博物院藏

（二）万里茶道

　　万里茶道，是明清时期以山西商人为主开辟的一条国际内陆商业通道。这条商道以运送茶叶为主，从福建经水路至汉口沿汉水上行，在襄阳转唐白河北上进入河南唐河、社旗、平顶山、洛阳、济源、焦作，越太行山进入山西、内蒙古，跨蒙古至恰克图，经乌拉尔直至莫斯科、彼得堡。河南处于水陆交通转运及平原向山区过渡的中心地带，是整个贸易的交通枢纽和货物集散中心。茶道沿线现存的大量不同类型的文化遗产，是当地经济和不同类型文化发展与交流的历史见证。

河南省万里茶道线路及文化遗产分布图

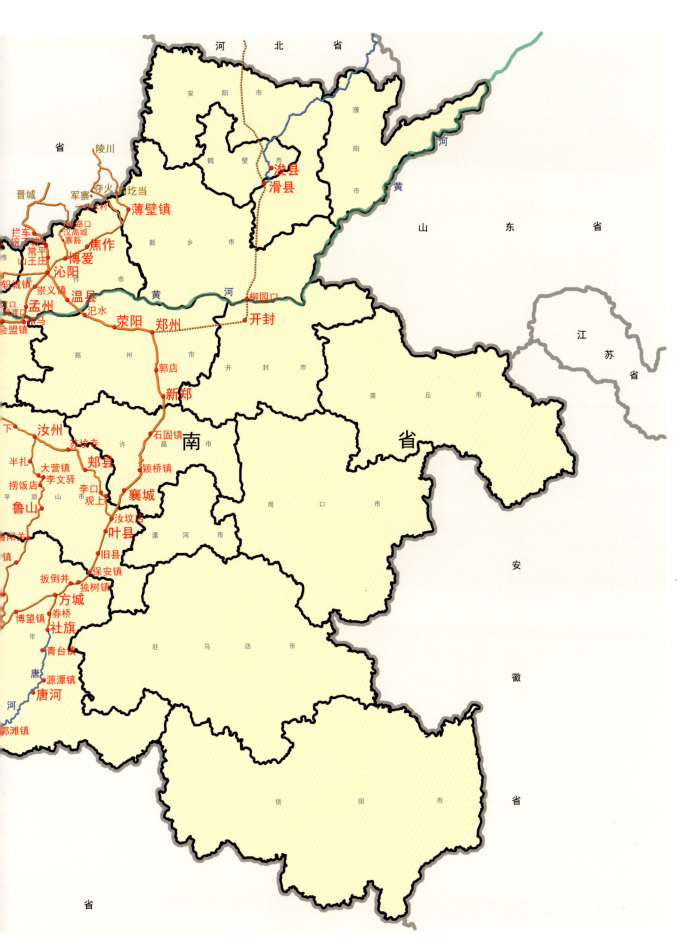

河　北　省

安　阳　市

河

濮　阳　市

山　东　省

黄

鹤　壁　市

浚县
滑县

省

陵川

吓火　圪当

军寨

薄壁镇

晋城

一　村

路口
汉高城
寨黔

新　乡　市

江

苏

拦车
碗子州
常平
山王庄

焦作

博爱
沁阳

作

黄

河

柳园口

省

轵城镇

崇义镇
温县

孟州
汜水

郑　州　市

荥阳　郑州

泌水

开封

开　封　市

会盟镇

郭店

商　丘　市

省

郑　州　市

新郑

汝州

苏坟寺

石固镇

南

市

许

昌

市

下

半扎

大营镇
李文驿

郏县

颖桥镇

开　封　市

捞饭店
平　顶　山

李口市　观上

襄城

汝坟店

鲁山

叶县

漯　河　市

周　口　市

安

镇

旧县
保安镇

扳倒井
独树镇

方城

博望镇　券桥

社旗

徽

驻　马　店　市

青台镇

唐

源潭镇

唐河

河

省

郭滩镇

信　阳　市

省

省

16. 洛阳潞泽会馆

　　潞泽会馆，位于河南省洛阳市老城东关新街南头，俗称东会馆，原为山西潞安府、泽州府商人所建，是当时潞安府、泽州府在洛阳商人聚会之所。始建于清乾隆九年(1744年)，占地15000多平方米，该建筑群呈中轴对称，坐北朝南，轴线上依次为戏楼、大殿、后殿，另有东西厢房、耳房、钟鼓楼和东西配殿，规模宏大，布局严整，是中原地区保存完整、规模宏大的古建筑群之一，是研究清代洛阳商业、交通和古建筑的文物瑰宝。

19. 古羊肠坂道

　　古羊肠坂道位于沁阳市北25公里常平乡常平村北碗子城山，地处豫晋两省交界处，南起常平村，北接山西晋城大口村，地势险要，古为京洛孔道、晋豫交通的咽喉。是万里茶道最险要的路段之一。

15. 郏县山陕会馆

　　位于郏县城关镇西关大街西段。郏县是万里茶道的南北向宛洛古道与东西向通往许昌的古道交会之地。会馆建于清康熙三十二年(1693年)，现存古建筑9座，中轴线上自南向北依次为照壁、戏楼、大殿及春秋楼，戏楼两侧东西分别为钏楼和鼓楼。

17. 洛阳山陕会馆

　　山陕会馆位于洛阳市老城区九都东路，始建于清康熙年间(1662—1722年)，系当时山西、陕西两地巨商大贾筹资修建，历时十余载始成，占地5000余平方米。是山陕商人互通商情，在豫商业经营活动的见证，特别是"东都山陕西会馆碑记"与"东都马市街山陕西众商积金建社碑记"两碑，关于协盛玉、大聚隆等茶号参与捐资修建会馆的记录，是山陕会馆作为万里茶道文化遗产的直接证据。

18. 关林

　　关林位于洛阳市城南7公里的关林镇，是关羽的葬首之所，也是我国唯一的林、庙合祀的古建筑群。关林始建于汉代，重修于明万历二十一年(1593年)，康熙五年始称关林，成为与山东曲阜孔林并肩而立的圣地。

13. 宛城驿

　　宛城驿位于古南阳东门外邮驿街，建于明正统四年(1439年)，为明清时期南阳境内三大驿站之一，是豫西南地区的中心交通站，担负着政治、经济、文化、军事等方面的信息传递任务。

1. 唐河码头

　　郭滩码头北距唐河县城30公里，南部与湖北省毗邻，唐河经由郭滩镇东向南流去。据史料记载，唐河"航路北通方城之赊旗，南达襄樊汉口，每日帆樯如织，往来不绝。云、贵之来京者，率由襄樊乘舟溯唐河北上，而北方货物之运往汉口者，亦顺唐河而下"。作为唐河航运码头之一，郭滩由此成为南阳到襄阳的商业重镇。

　　源潭镇南距唐河县城13公里，是清代沿唐河水运贸易之路的商业重镇，是万里茶道上水陆转运的一处重要中转站。现存古码头两处，均位于镇西唐河东岸。

2. 山陕会馆

　　山陕会馆位于唐河县源潭镇，创建于清雍正九年(1731年)，会馆前的铁旗杆高17米，底部为铁狮一尊，其旁的牵狮人为胡人形象。源潭山陕会馆时代早于社旗山陕会馆，为研究清代水陆转运码头的兴衰变迁及晋陕商人在河南的活动轨迹与商业线路提供了翔实的资料。

3. 社旗山陕会馆

　　社旗山陕会馆，位于河县，为清代山西、陕西在赊集资兴建，作为他们同乡所，故名山陕同乡会馆。会关羽像，亦称"山陕庙"。曾改称"鼎元社"，1923年陕会馆"，是全国会馆中唯檀御笔之宝的民间商会建筑"中国第一会馆"。

河

县城北20公里独树镇扳倒井村，现存玉
方的浣池。此院始建年代不详，明清时
年间辟为接官厅，于谦、林则徐、傅寿
此，留下了不少脍炙人口的诗章。

14. 叶县保安镇山陕会馆
　　保安镇北距叶县县城30公里，南距方城县城30公里，是平项山与南阳的分界，为中原历史名镇，其扼荆襄夹道，自古以来就是南阳盆地通往华北地区的最主要通道。保安镇作为驿站存在达数百年之久，明天启年间保安驿成为国家一等驿站。后改为山陕会馆。

11. 博望石桥
　　博望石桥位于方城县博望镇博望村白条河上，始建于唐代，又叫敬德桥，相传为唐蔚迟将军敬德监造。石桥为三孔券桥，长48米，宽6米，中间拱高4.7米。桥体使用大量汉画像石砌筑，是古道"夏路"的必经之路。

10. 梅林铺石桥
　　梅林铺石桥位于方城县博望镇梅林铺村，建于清代，长12米，宽6米，拱跨4.3米。建桥时使用了汉画像石砌筑，现仍在使用。

9. 北大石桥
　　北大石桥位于社旗县赊店镇北1公里处的潘河之上，建于清同治六年（1867年），青石构造，长50米，宽6米。南北走向，为方孔平梁石桥。是方枣（方城、唐河、枣阳）北上南下的必经之路，也是茶商在赊店水路运输上岸转陆路后向北运销的必经之路。

8. 大升玉茶庄
　　晋商山西榆次常万达开拓俄罗斯恰克图茶叶贸易后，逐步开了二十家商号，即"十大德"、"十大玉"，主营茶叶。茶路重要地点均设有"十大玉"分号，赊店镇独设三家，而保存至今的仅有大升玉茶庄。茶庄位于社旗县瓷器街中段，是晋商在豫进行茶叶贸易活动的最直接的实物例证。

7. 厘金局
　　厘金局位于社旗县瓷器街中段路西，清咸丰三年（1853年），为镇压太平军，在扬州仙女庙等地设卡筹款，以济军饷，对过卡货物值百抽一，谓之厘金。河南厘金局始建于咸丰八年（1858年），是河南最早推行厘金制的地方之一。

6. 广盛镖局
　　广盛镖局位于社旗县瓷器街北端路西，建于清嘉庆七年（1802年），由山西祁县人戴二阎创立。院内设会客厅、签押房、仓房、镖头居室、镖师居室、练武场等，是赊店当时最著名的镖局之一。

5. 蔚盛长票号
　　蔚盛长票号位于社旗县南瓷器街路西，创建于清道光六年（1826年），是中原有史以来第一家票号，当年主营汇兑、存贷款和代办捐项，也发放银票，服务当地工商铺户，也承担政府业务。

4. 福建会馆
　　福建会馆是清嘉庆元年（1796年）福建商人集资兴建，位于社旗县瓷器街南端。是福建同乡的聚会场所，集茶楼、饭庄、旅馆为一体，是福建商人在豫经商及豫闽商人之间友谊的实物例证。

● 1. 唐河码头

郭滩码头北距唐河县城 30 公里，南部与湖北省毗邻，唐河经由郭滩镇东向南流去。据史料记载，唐河"航路北通方城之赊旗，南达襄樊汉口，每日帆樯如织，往来不绝。云、贵之来京者，率由襄樊乘舟溯唐河北上，而北方货物之运往汉口者，亦顺唐河而下"。作为唐河航运码头之一，郭滩由此成为南阳到襄阳的商贾重镇。

源潭镇南距唐河县城 13 公里，是清代沿唐河水运贸易之路的商业重镇，是万里茶道上水陆转运的一处重要中转站。现存古码头两处，均位于镇西唐河东岸。

● 2. 山陕会馆

山陕会馆位于唐河县源潭镇，创建于清雍正九年（公元 1731 年），会馆前的铁旗杆高 17 米，底部为铁狮一尊，其旁的牵狮人为胡人形象。源潭山陕会馆时代早于社旗山陕会馆，为研究清代水陆转运码头的兴衰变迁及晋陕商人在河南的活动轨迹与商业线路提供了翔实的资料。

● 3. 社旗山陕会馆

社旗山陕会馆，位于河南省社旗县，为清代山西、陕西在赊旗店的商贾集资兴建，作为他们同乡集会的场所，故名山陕同乡会馆。会馆内泥塑关羽像，并豢养有监、官、僧道，会馆亦称"山陕庙"。道光年间曾改称"鼎元社"，1923年复称"山陕会馆"，是全国会馆中唯一得到慈禧御笔之宝的民间商会建筑。被誉为"中国第一会馆"。

● 4. 福建会馆

福建会馆是清嘉庆元年（公元1796年）福建商人集资兴建，位于社旗县瓷器街南端。是福建同乡的聚会场所，集茶楼、饭庄、旅馆为一体，是福建商人在豫经商及豫闽商人之间友谊的实物例证。

● 5. 蔚盛长票号

蔚盛长票号位于社旗县南瓷器街路西，创建于清道光六年（公元 1826 年），是中原有史以来第一家票号，当年主营汇兑、存贷款和代办捐项，也发放银票，服务当地工商铺户，也承担政府业务。

● 6. 广盛镖局

广盛镖局位于社旗县瓷器街北端路西，建于清嘉庆七年（公元 1802 年），由山西祁县人戴二间创立。院内设会客厅、签押房、仓房、镖头居室、镖师居室、练武场等，是赊店当时最著名的镖局之一。

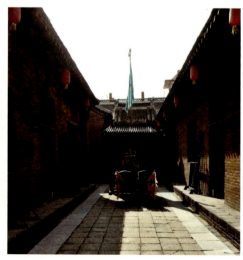

● 7. 厘金局

厘金局位于社旗县瓷器街中段路西，清咸丰三年（公元1853年），为镇压太平军，在扬州仙女庙等地设卡筹款，以济军饷，对过卡货物值百抽一，谓之厘金。河南厘金局始建于咸丰八年（公元1858年），是河南最早推行厘金制的地方之一。

● 8. 大升玉茶庄

晋商山西榆次常万达开拓俄罗斯恰克图茶叶贸易后，逐步开了二十家商号，即"十大德"、"十大玉"，主营茶叶。茶路重要地点均设有"十大玉"分号，赊店镇独设三家，而保存至今的仅有大升玉茶庄。茶庄位于社旗县瓷器街中段，是晋商在豫进行茶叶贸易活动的最直接的实物例证。

● 9. 北大石桥

　　北大石桥位于社旗县赊店镇北 1 公里处的潘河之上，建于清同治六年（公元 1867 年），青石构造，长 50 米，宽 6 米。南北走向，为方孔平梁石桥。是方枣（方城、唐河、枣阳）北上南下的必经之路，也是茶商在赊店水路运输上岸转陆路后向北运销的必经之路。

● 10. 梅林铺石桥

　　梅林铺石桥位于方城县博望镇梅林铺村，建于清代，长 12 米，宽 6 米，拱跨 4.3 米。建桥时使用了汉画像石砌筑，现仍在使用。

● 11. 博望石桥

　　博望石桥位于方城县博望真専望寸白条河上，始建于唐代，又叫敬德桥，相传为唐尉迟将军敬德监造。石桥为三孔券桥，长 48 米，宽 6 米，中间拱高 4.7 米。桥体使用大量汉画像石砌筑，是古道"夏路"的必经之路。

● 12. 扳倒井驿站

扳倒井驿站位于方城县城北20公里独树镇扳倒井村，现存玉照堂四间，堂前为十米见方的浣池，。此院始建年代不详，明清时期最盛，建馆驿，清光绪年间辟为接官厅，于谦、林则徐、傅寿彤、顾嘉衡等先后驻足于此，留下了不少脍炙人口的诗章。

● 13. 宛城驿

宛城驿位于古南阳东门外邮驿街，建于明正统四年（公元1439年），为明清时期南阳境内三大驿站之一，是豫西南地区的中心交通站，担负着政治、经济、文化、军事等方面的信息传递任务。

● 14. 叶县保安镇山陕会馆

保安镇北距叶县县城30公里，南距方城县城30公里，是平顶山与南阳的分界，为中原历史名镇，其扼荆襄夹道，自古以来就是南阳盆地通往华北地区的最主要通道。保安镇作为驿站存在达数百年之久，明天启年间保安驿成为国家一等驿站。后改为山陕会馆。

● 15. 郏县山陕会馆

山陕会馆又名山陕庙，位于郏县城关镇西关大街西段。郏县是万里茶道的南北向宛洛古道与东西向通往许昌的古道交会之地。会馆建于清康熙三十二年（公元1693年），现存古建筑9座，中轴线上自南向北依次为照壁、戏楼、大殿及春秋楼，戏楼两侧东西分别为钏楼和鼓楼。

● 16. 洛阳潞泽会馆

潞泽会馆，位于河南省洛阳市老城东关新街南头，俗称东会馆，原为山西潞安府、泽州府商人所建，是当时潞安府、泽州府在洛阳商人聚会之所。始建于清乾隆九年（公元1744年），占地15000多平方米，该建筑群呈较为严格的中轴对称，坐北朝南，轴线上依次为戏楼、大殿、后殿，另有东西厢房、耳房、钟鼓楼和东西配殿，规模宏大，布局严整，是中原地区保存完整、规模最宏大的古建筑群之一，是研究清代洛阳商业、交通和古建筑的文物瑰宝。

17. 洛阳山陕会馆

山陕会馆位于洛阳市老城区九都东路，始建于清康熙年间（公元1662~1722年），系当时山西、陕西两地巨商大贾筹资修建，历时十余载始成，占地5000余平方米。是山陕商人互通商情，在豫商

业经营活动的见证，特别是"东都山陕西会馆碑记"与"东都马市街山陕西众商积金建社碑记"两碑，关于协盛玉、大聚隆等茶号参与捐资修建会馆的记录，是山陕会馆作为万里茶道文化遗产的直接证据。

18. 关林

关林位于洛阳市城南7公里的关林镇，是关羽的葬首之所，也是我国唯一的林、庙合祀的古建筑群。关林始建于汉代，重修于明万历二十一年（公元1593年），康熙五年始称关林，成为与山东曲阜孔林并肩而立的圣地。作为人们祭拜关羽的场所。山西商人不仅崇奉关羽，以关羽为荣，而且愿意出资出力，在商业活动的地方修建关帝庙，推广忠、义、勇及诚信精神。

● 19. 古羊肠坂道

　　古羊肠坂道位于沁阳市北 25 公里常平乡常平村北碗子城山，地处豫晋两省交界，现起常平村，北接山西晋城大口村，地势险要，古为京洛孔道、晋豫交通的咽喉。是万里茶道最险要的路段之一。

结束语

　　经历了千年沧桑，融汇了海洋文明、草原文明、绿洲文明和农耕文明，丝绸之路将动态多元的区域文化演绎成世界历史长卷中和谐、精彩的华章，将不同种族、不同国度的人们紧密地连接在一起。丝绸之路，在冲突与抉择之中，兼融并蓄，创造了历史，赐福于现代，并昭示着未来。